《湖南省电力中长期交易实施细则》解读

刘　勇　蒋　磊　谭雯娟　周　涛　唐正荣　李继传　张明敏　徐文超
陈洪荔　唐　烨　肖　聪　万　灿　刘永卫　葛　亮　刘　行　彭文彬
张蓝宇　周　旭　王东旎　刘翔斌　李　杨　刘晓丹　李彦昭　徐彬焜
廖　菁　张　莉　龚岸榕　周　挺　凌明涓　邵仕超　钟　原　编　著

中国电力出版社

CHINA ELECTRIC POWER PRESS

内 容 提 要

随着电力交易日益活跃以及市场成员数量的急剧增加，市场化交易电量越来越大，提高电力交易市场成员的业务素质和电力工作技能成为当务之急。本书以《湖南省电力中长期交易实施细则（2022 版）》为主线，介绍市场建设发展历程，从市场准入和退出、价格机制与出清算法、批发市场交易组织、批发市场合同管理、交易执行、零售市场交易管理、计量与结算、信息披露、违约与争议处理、市场运营监控和风险防范等方面，分析了当前电力市场建设存在的主要问题并描述了市场发展的前景，突出了实用性、针对性、先进性和严谨性。

本书可作为湖南省电力交易市场主体岗位培训和技能考核的培训教材，也可作为电力交易从业者、管理者、监管者及高等院校相关专业师生的参考书。

图书在版编目（CIP）数据

《湖南省电力中长期交易实施细则》解读/刘勇等编著. —北京：中国电力出版社，2023.12
ISBN 978-7-5198-8280-8

Ⅰ. ①湖⋯　Ⅱ. ①刘⋯　Ⅲ. ①电力市场－市场交易－细则－湖南　Ⅳ. ①F426.61

中国国家版本馆 CIP 数据核字（2023）第 210737 号

出版发行：中国电力出版社
地　　址：北京市东城区北京站西街 19 号（邮政编码 100005）
网　　址：http://www.cepp.sgcc.com.cn
责任编辑：张冉昕（010-63412364）　霍　妍
责任校对：黄　蓓　马　宁
装帧设计：张俊霞
责任印制：石　雷

印　　刷：廊坊市文峰档案印务有限公司
版　　次：2023 年 12 月第一版
印　　次：2023 年 12 月北京第一次印刷
开　　本：880 毫米×1230 毫米　32 开本
印　　张：5.75
字　　数：129 千字
印　　数：0001—1500 册
定　　价：48.00 元

前 言

　　自《中共中央　国务院关于进一步深化电力体制改革的若干意见》（中发〔2015〕9号）、《国家发展改革委　国家能源局关于印发电力体制改革配套文件的通知》（发改经体〔2015〕2752号）发布以来，我国电力体制改革不断深化。建设具有中国特色的电力市场体系是电力体制改革的重点工作；建立通畅的价格传导机制，培育市场主体参与电力市场的能力，构建主体多元、竞争有序的电力市场格局，是社会广泛关注的焦点。

　　在此期间，许多市场从业人员反映，电力市场交易工作政策性强、技术含量高、更新节奏快、交易规则复杂、政策文件迭代快，在学习过程中难以理解透彻，规则及细则条款缺乏权威性解读资料。笔者长期从事电力市场交易工作，为帮助电力市场主体加深对市场的认知度，增强对规则的理解，提高业务水平，笔者撰写了《〈湖南省电力中长期交易实施细则〉解读》一书。

　　"欲知平直，则必准绳；欲知方圆，则必规矩"。电力市场交易规则是电力市场所有成员必须遵守的规范，是所有市场行为的依据；实施细则是具体操作的指南。2017年，《湖南省电力中长期交易规则》和《湖南省电力中长期交易实施细则》相继发布，并于2020、2022年两次修订，在此期间，多次以补充条款形式予以完善，以适应日新月异的市场发展需求。本书基于《湖南省电力中长期交易规则（2022年修订版）》及《湖南省电力中长期交易实施细则（2022 版）》，站在电力市场实践的最前沿，围绕市场主体关心的问题，依据现有政策文件、规则规定，并汇集电力市场实际运行经验编制而成。本书是一本了解电力市场，参与电力市场交易实际操作的工具书和参考书。

本书全面阐释了电力市场运行以及电力交易工作的各层次及细节问题，结合交易规则及细则制定的背景、中长期市场实际运营中出现的问题及典型案例，对市场准入与退出、价格机制、交易组织、合同管理、交易执行、结算等各方面进行详细解释说明，对从业人员实践操作具有很强的指导作用，也有助于对电力市场感兴趣的读者加深对电力市场化改革的理解。

全书由刘勇、蒋磊及多位长期从事电力交易相关专业人员及研究人员编撰而成，大部分成员是《湖南省电力中长期交易规则（2022 年修订版）》及《湖南省电力中长期交易实施细则（2022版）》的制定者。其中，第 1 章由刘勇、蒋磊、唐正荣、李继传、徐彬焜、刘行编写，第 2、7 章由周涛、陈洪荔、葛亮、刘晓丹、周挺编写，第 3～6 由张明敏、肖聪、彭文彬、张蓝宇、李彦昭、张莉、凌明涓、廖菁编写，第 8、9 章由谭雯娟、万灿、李杨、周旭、王东旎、刘翔斌、龚岸榕、钟原编写，第 10、11 章由唐烨、徐文超、刘永卫、邵仕超编写。

本书在编写过程中得到了陈向群、罗朝春、成涛等人的关心与指导，在此表示感谢。

由于作者经验和水平有限，书中不足之处恳请读者批评指正。

作　者

2023 年 6 月于长沙

目 录

前言

① 总则

本章主要介绍湖南电力中长期市场交易规则和实施细则修编的背景、依据文件等内容。

1.1 概述

1.1.1 为落实《中共中央 国务院关于进一步深化电力体制改革的若干意见》(中发〔2015〕9号)、《国家发展改革委 国家能源局关于印发电力体制改革配套文件的通知》(发改经体〔2015〕2752号)、《湖南省电力中长期交易规则》(湘能监市场〔2022〕56号)、《电力中长期交易基本规则》(发改能源规〔2020〕889号)、《国家发展改革委关于进一步深化燃煤发电上网电价市场化改革的通知》(发改价格〔2021〕1439号,以下简称1439号文)、《国家发展改革委 国家能源局关于印发〈售电公司管理办法〉的通知》(发改体改规〔2021〕1595号)等文件要求,进一步明确湖南省电力市场中长期交易的具体操作办法,制定本细则。

【解读】市场交易规则应有良好的适应性,不能脱离电网、脱离实际设计电力市场。祁韶直流特高压直流投运后,湖南电网由华中电网的末端逐渐融入大电网,结构强度和系统整体稳定水平得到大幅提升。但是,受先天条件制约,湖南电网电源分布与负荷分布不均衡、不匹配,不同地理位置的发电企业在电力市场中的交易额度差距明显，严重影响了市场的公平性；电源结构不合理，火电煤价高，电煤对外依存度高，大量径流式水电及风光发电能力起伏大，预测困难易对市场产生很大的冲击；用电结构不合理，居民电量占比大，受气温影响波动剧烈，加大了市场供需形势预测的难度，多个薄弱环节对电力市场竞争和交易合同履约产生不利影响。

湖南电力中长期市场先后经历了模拟市场、超基数发电竞争、大用户直接购电试点、电力中长期市场交易等阶段，自电力中长期市场建立以来，交易规则及实施细则一直在不断调整、完善，及时反映市场变化，有力规范市场运行，切实解决突出问题，为湖南电力市场稳步发展奠定了基础。同时，市场规则必须与国家政策相一致，与市场形势相符合，与省情、网情相匹配，促进有效竞争，促进清洁能源消纳，促进市场和谐共赢。

2021 年 10 月，1439 号文提出有序放开全部燃煤发电电量上网电价，扩大市场交易电价上下浮动范围，推动工商业用户都进入市场，取消工商业目录销售电价，保持居民、农业、公益性事业用电价格稳定。该政策真正实现了市场价格"能涨能跌"，发挥市场资源优化配置、改善电力供需状况、保障民生价格稳定、促进产业优化升级的作用。为适应燃煤发电上网电价改革、工商业用户全部进入市场、推动中长期交易连续运营、开展分时段交易，2022 年 6 月，《湖南省中长期交易规则（2022 年修订版）》印发，2022 年 8 月，与之相对应的实施细则发布并实施。此次修订主要解决价格机制和平衡机制的适应性问题，具体如下：

（1）价格机制的调整。2017 年湖南试行版中长期交易规则采用的是"顺价"模式，即省内发电企业交易上网电价与核定上网电价比较下降多少，则在基本电价、基金附加等维持不变的基础上，电力用户的交易电度电价与其现有执行电度电价比较下降多少，售电公司的交易电度电价与其所签约用户相对应的现有执行电度电价下降多少。发电企业在核定上网电价的基础上、用户或售电公司在用电目录电价的基础上申报价差，价格形成清晰，操作简单。

2018 年，按照国家有关输配电价改革要求，湖南中长期市场价格形成机制调整为输配电价模式，并印发了规则修改增补条款。规则规定，批发市场直接交易用户的市场购电价格包含市场交易价格、输配电价（含线损）、政府性基金与附加三部分。

市场交易价格由购电基准价+市场交易价差组成。鉴于湖南省电网输配电价基于省级电网平均购电价格核定，规则创造性提出了"购电基准价"的概念，购电基准价按销售目录电度电价—输配电价—政府性基金与附加确定。市场交易价差由用户（售电公司）与发电企业通过双边协商、集中竞价等方式确定；市场交易价格为市场交易价差与购电基准价之和。

大用户或售电公司参与交易时，基于购电基准价申报价差，与发电企业达成交易的价差为市场交易价差。即：用户购电价格=市场交易价格+输配电价（含线损）+政府性基金与附加，市场交易价格=市场交易价差+购电基准价。发电企业参与交易时，基于政府批复上网电价申报价差；发电企业市场交易电量的上网电价为政府批复上网电价与市场交易价差之和。"购电基准价"的提出有效地通过输配电价将发用两侧进行关联，保持了不同批复电价的电源同平台参与竞争的关系。

2021 年 10 月，国家发展改革委印发 1439 号文，用电侧工商业目录电价取消,"购电基准价"失去了基础,同时,燃煤发电电量原则上全部进入电力市场,通过市场交易在"基准价+上下浮动"范围内形成上网电价,《湖南省电力中长期交易规则(2022年修订版)》的价格形成机制必须进行调整以适应政策及市场的变化。

根据低价电源优先用于保障居民及农业用电的政策要求,1439 号文印发后,湖南电网水电电源暂未参与市场交易,但从市场长远发展着眼,并考虑湖南水电丰枯特性,即丰水期水电等低价电源电量可能超出居民及农业用电需求,规则中依然保留水电参与市场的权利。

2022 修订版规则设计中,将电源定义为两类:一是燃煤发电基准价电源;二是非燃煤发电基准价电源。发电企业基于各自批复电价申报价差、用电侧基于"购电基准价"申报价差,统一修订为基于燃煤基准价申报价差。例如:A 火电厂(基准价 0.45元/kWh)申报价差:+0.06 元/kWh,其结算价格=0.45+0.06=0.51(元/kWh);B 水电厂(批复价 0.32 元/kWh)申报价差:-0.01 元/kWh,其结算价格=0.32-0.01=0.31(元/kWh)。

结算时,燃煤发电基准价电源结算价格=燃煤发电基准价+市场交易价差;非燃煤发电基准价电源结算价格=政府批复上网价+市场交易价差。

市场用户的用电价格=市场交易价格+新增损益单价+输配电价+辅助服务费用单价+基金及附加。其中,市场交易价格由燃煤发电基准价加上市场交易价差确定;新增损益包括保障居民农业用电价格稳定及非燃煤基准价电源产生的损益等。

由于湖南市场主体中存在上网(基准/批复)电价高于或低于

现行燃煤基准价（0.45 元/kWh）的电源，在市场结算时，用电侧统一以燃煤基准价为基准，而发电侧结算价格基准不一，之间的差价电费需要进行疏导。为解决不同上网（基准/批复）电价电源同台竞争的公平性问题及各类电源之间的价格差异问题，规则仍维持价差申报方式，发电企业之间的竞争以价差形式实现，而不是以价格形式体现；另外，现有交易平台无须进行大规模更改，也延续市场主体交易习惯。发、用两侧结算价格不对应所产生的高于或低于燃煤基准价的价差电费在用电侧市场主体中进行分摊或分享。

除价格形成机制的调整外，价格上下浮动带来的适应性问题也亟须调整。2021 年 10 月之前，湖南电力中长期市场是以发电侧单边降价的市场，以发电企业向用户释放市场红利为主，市场规则及实施细则均按降价市场设计。随着 1439 号文的印发，市场价格实现了可降可涨，原规则及细则对双向市场的不适应性立即显现。其中，重大的变化出现在上下调的价格变化及资金清算方面。例如，在价格下浮市场，发电企业因下调而未完成的合同产生的价差电费将造成市场资金的亏空，即用电方已按合同对用户降价，而发电方未能按合同提供降价的电量，这部分亏空需要由造成下调的发电主体承担。但是，在价格上浮市场，亏空变为盈余，造成下调的发电主体反而可以获利，因价格上浮，导致部分公式正负方向变化或相关系数设置区间限制等也导致一些不合理情形发生。例如，发电企业自身原因产生的偏差应被考核，按原细则公式计算反而有收益。对于此类问题，在市场实际运营中，先行以规则临时条款的方式予以规范，并纳入 2022 版规则及细则的统一修订中，不断进行完善，规避市场风险。

（2）平衡机制的调整。平衡机制的设计主要考虑电量平衡和资金平衡两个方面。

1）电量平衡。在中长期交易合同的执行过程中，必然出现电量偏差，在现货市场建立之前，电量平衡问题主要通过上下调预挂牌解决。湖南依据的规则最初仅火电参与上下调报价，逐渐扩大到可再生发电参与下调报价。2022年，随着新能源发电不再下达优先发电计划，规则相应将所有发电侧市场主体纳入参与上下调报价，并不断完善，不断适应政策形势的发展变化。

2）资金平衡。资金平衡方面，按月进行资金清算。原规则发电侧与用电侧在资金清算环节基本解耦，市场清算仅在发电侧进行。发电侧资金亏空清算的主要思路是找到造成市场亏空最主要的原因，由造成亏空者承担主要责任。市场最大的亏空来自下调补偿。造成下调最大的可能因素有可再生能源超发、用户少用、火电之间的调整。由于市场用户已进行偏差考核，因此，首先由超发的可再生能源承担亏空的一部分，其余再由产生上调的火电承担相应的亏空，最后全体发电主体分摊剩余亏空金额，实质上发电企业部分承担了非市场用户的预测偏差或其他原因造成的下调亏空。

2022修订版规则将市场用户纳入清算，并对清算环节进行了简化处理。纳入发电侧清算的资金主要包括：发电企业下调电量造成的资金差额（包括下调补偿电费和未执行交易合同价差电费）、发电企业上调电量产生的价差资金差额、发电企业自身原因偏差电量（超发电量或少发电量）产生的考核资金差额、参与湖南市场交易的跨省跨区偏差电量产生的考核资金、批发交易用户偏差电量产生的偏差考核费用和价差资金差额等。

月度清算费用如有盈余或亏空，按照当月发电侧市场主体上网电量、工商业用户用网电量占比分摊或者返还给所有市场主体，月结月清。

1.1.2 对于市场规则和本细则未明确事项、可选择事项、临时调整事项等，由电力交易机构提出具体操作意见，经省电力市场管理委员会讨论，报湖南能源监管办、省发展改革委和省能源局批准后，在市场交易公告中予以明确。市场交易公告作为当次交易合同的重要组成部分。

【解读】市场交易公告于开展交易前，由电力交易机构编写，经湖南电力市场管理委员会会议讨论，报请湖南省发展和改革委员会、湖南省能源局、国家能源局湖南监管办公室同意，在电力交易平台上进行发布。公告包含了交易规则和实施细则的主体框架内容，并根据实际市场情况进行调整，体现了湖南电力中长期市场交易规则的灵活特点。

（1）不同批复电价的水火风光等类型电源同台参与市场竞争。2017年中长期市场启动之时，湖南统调水电占统调装机容量的34%，近年来新能源发电装机容量不断增加。如果由于政府批复电价不一，将水电及新能源摒弃在市场之外，市场不完整，也缺乏公平性。因此，湖南通过价格机制设计，以申报价差交易形式，解决了不同批复电价的电源同平台参与市场竞争问题，将水火风光各类型电源均作为市场主体纳入湖南电力中长期市场范畴。

（2）以上下调机制解决平衡问题。电力市场供需是一个动态平衡的过程，以月度交易为主要交易形式的中长期市场如何处理市场合同与实际运行偏差尤其关键。湖南中长期市场采用了上下调预挂牌机制，初期，为保证清洁能源消纳，仅有火电参与上下调报价，即所有运行偏差由火电承担，当火电电量超过基数计划与市场合同之和时，以上调价格结算超发电量；当火电电量低于基数计划与市场合同之和时，以下调价格给少发的电量予以补偿。在后期的规则修订中，水电及新能源也逐步参与了上下调的报价。

（3）发电侧与用电侧解耦结算，月结月清。中长期交易产生的合同数量众多，双边协商合同中，一个售电公司或用户可能对应多个发电企业，一个发电企业可能对应多个售电公司或用户；统一边际价格出清的集中竞价合同更难以一一对应，加之各类合同转让交易，使得结算时难以对每一笔合同进行清分。因此，湖南中长期市场将发电侧与用电侧分别进行结算，对于各类合同执行偏差产生的资金溢余或亏空按月进行清算，按产生偏差的原因由市场主体分享或分摊，实现月结月清。

（4）鼓励清洁能源参与市场开展交易。由于清洁能源波动性强，对市场产生的冲击影响大，并且湖南电网火电市场主体数量少，容易产生市场力。清洁能源参与市场既是拓展其消纳空间的需求，又是促进市场公平竞争的手段之一。在规则设计上，一是清洁能源需要参与市场的清算分摊，当清洁能源月度上网电量超过计划电量且造成火电企业产能下调时，应承担下调补偿费用和下调合同价差电费的一部分；如果月度清算出现亏空，应与所有发电主体按上网电量占比进行分摊。二是清洁能源可以参与下调报价，如果非自身设备原因产生下调，可以得到下调补偿，以此鼓励清洁能源发电企业多获取市场合同，一方面可以减少被动清算分摊的份额；另一方面可以起到增强市场活力，促进公平竞争的作用。

（5）设置系数调节市场，相互关联、相互制约。在用电侧设置正偏差系数 K_1 和负偏差系数 K_2，设定取值范围，分别与发电侧上调、下调报价挂钩。当电力供应富余较大时，调整正偏差系数 K_1，鼓励用户多用电，降低其多用电的成本，甚至可以获取一定利益；当电力供应紧张时，调整负偏差系数 K_2，鼓励用户少用电，多用部分将以高于合同的价格进行结算。

在发电侧上调报价与市场交易合同之间设定系数，引导发电企业通过签订市场合同获得发电空间，使上调成为处理偏差的一种方式，而不是套利的手段。系数取值一般由交易机构计算并给出建议值，经电力市场管理委员会在月度交易会商会进行讨论，报政府相关部门和监管机构批准后执行。用电侧与发电侧通过上下调价格及系数实现有机联系，合理引导市场行为。

1.1.3 各类市场成员的权利与义务执行《湖南省电力中长期交易规则（2022 年修订版）》及政府相关政策文件规定，电力市场成员应严格遵守市场规则和本细则的要求，自觉自律，不得操纵市场，不得损害其他市场主体的利益，确保市场运作规范透明。

1.1.4 如无特殊说明，本细则中的电力交易机构指的是湖南电力交易中心有限公司，电力调度机构指的是国网湖南省电力有限公司电力调度控制中心，电力交易平台指的是电力交易机构的电力交易技术支持系统。

1.2 适用范围

本细则适用于湖南省中长期电力市场，参与湖南省电力市场中长期交易的所有市场主体必须遵守本细则。

② 市场准入和退出

本章主要包括湖南电力中长期市场和市场主体注册分类、准入条件、市场注册程序及所需材料、注册信息变更、市场退出管理等内容。

2.1 概述

2.1.1 电力市场分为电力批发市场和电力零售市场。电力批发市场的交易主体包括各类发电企业、电力用户、售电公司、电网企业（含省级电网企业、地方电网企业、拥有配电网运营权的配售电企业）和储能等市场主体。电力零售市场的交易主体为电力用户、售电公司和电网企业等。

2.1.2 电力用户按照注册分类管理要求选择参加批发交易或零售交易。35kV及以上电压等级的工商业电力用户（简称批发用户）可以选择参与批发市场交易，直接向发电企业购电（简称批发交易）；也可选择参与零售市场交易，向售电公司购电；但两种方式同期只能选择其一（暂未直接参与市场购电的工商业用户由电网企业代理购电）。10kV及以下电压等级的工商业用户不能直接参与批发市场交易，只能选择零售市场交易向售电公司购电或由电网企业代理购电。

【解读】由于电力市场主体数量巨大，为提高市场效率，一般根据交易量将电力市场分为批发市场和零售市场。用户最高用电电压等级为 35kV 及以上的，可自主选择注册为批发交易用户参加批发交易或注册为零售用户参加零售交易，但两种方式同期只能选择其一，已完成注册的用户可通过交易平台的"用户类型转换"功能申请变更；用户最高用电电压等级为 35kV 以下的，只能注册为零售用户选择参加零售市场交易向售电公司购电。

10kV 及以下电压等级的电力用户规模较小且无电力市场专业人才，人工成本增加其自身负担且独自承担偏差考核能力较弱，参与电力市场直接交易风险较大。目前，电力市场尚在建设完善之中，平台承载能力有限。因此，暂规定 10kV 及以下电压等级原则上须由售电公司代理参与市场交易。

2.1.3 所有直接参与市场交易的电力用户，其符合入市条件的全部电量应入市。选择批发市场交易的电力用户（简称批发市场电力用户），在电力交易机构完成注册手续后视为入市；当交易规则发生重大变化时，电力交易机构可以视情况组织已注册市场主体重新签订入市承诺书。选择零售市场交易的电力用户（简称零售用户），与售电公司在电力交易机构完成代理关系确认后视为直接参与市场交易。入市的电力用户原则上不得自行退市或转为电网企业代理购电，确需退市或转为电网企业代理购电者应符合《湖南省电力中长期交易规则（2022 年修订版）》有关规定，且按规定办理相关手续并履行完相关义务。符合退市或转为电网企业代理购电规定的电力用户在办理正常手续后可以退市或转为电网企业代理购电用户。无正当理由退市或转为电网发电企业代理购电的电力用户，其购电价格执行《湖南省电力中长期交易规则（2022 年修订版）》及政府有关文件规定。

【解读】根据1439号文，工商业用户全部进入电力市场，按照市场价格购电，取消工商业目录销售电价，即电力用户所有工商业用电类别的电量应全部进入市场；作为过渡，尚未直接参与市场交易的用户可由电网企业代理购电，已直接参与市场交易的用户原则上无正当理由不得自行退市或转为电网企业代理购电。

2.1.4 批发市场用户允许在合同期（最短为6个月）满后，选择参加零售交易。零售用户同一时期只允许选择一家售电公司开展零售交易，允许在合同期（最短为6个月）满后，变更代理关系或按照准入条件选择参加批发交易。当售电公司违约（含退出市场）无法满足用户需求时，其代理的电力用户可以做如下选择：

（1）向其他售电公司购电。

（2）35kV及以上零售用户可向电力交易机构申请批发交易。

（3）经批准由保底售电公司、电网企业提供保底售电服务。

（4）由电网企业代理购电服务。

（5）符合规定的其他形式。

【解读】批发用户在参与批发市场交易6个月后，可自主申请转为零售用户参加零售市场交易。零售用户在同一时期只允许选择一家售电公司开展零售交易，禁止"一户多签"；零售用户在被售电公司代理参与零售市场交易6个月后，可变更代理关系或按照准入条件选择参加批发交易。

当存在售电公司未在截止期限前缴清结算费用，或售电公司不符合市场履约风险有关要求，或售电公司自愿或强制退出市场，其购售电合同经自主协商、整体转让未处理完成等情况时，经电力交易机构报地方主管部门和能源监管机构同意后，可启动保底售电服务。由保底售电公司承接批发合同及电力用户服务。若全部保底售电公司由于经营困难等原因，无法承接保底售电服务，或未设立保底售电公司，由电网企业提供保底售电服务。

原则上所有售电公司均可申请成为保底售电公司，地方主管部门负责审批选取其中经营稳定、信用良好、资金储备充足、人员技术实力强的主体成为保底售电公司，并向市场主体公布。

2.1.5 因上述原因，电力用户一个结算月度内向超过一家售电公司购电或同时参与月内批发交易或改由电网企业代理购电时，且向该电力用户售电的原售电公司确实无法承担偏差考核责任时，则由该电力用户自行承担当月偏差考核。

【增补条款】售电公司因履约保函、信用等级等原因暂停交易时，该售电公司视为不符合市场履约风险有关要求，其代理的零售用户购售绑定关系自动失效，按照《国家发展改革委 国家能源局关于印发〈售电公司管理办法〉的通知》（发改体改规〔2021〕1595号）第三十六至第三十八条执行，政府主管部门暂未确定保底售电公司时，可由电网企业代理购电或用户自主选择其他售电公司。若用户未及时绑定其他售电公司而转由电网企业代理购电，该用户按代理购电价格的1.5倍执行，其中50%的代理购电价格由原已暂停交易的售电公司承担。此价格执行满1个月后，若用户仍为电网企业代理购电，则50%的代理购电价格由用户自行承担。

【解读】履约保函指经国务院银行业监督管理机构批准设立、颁发金融许可证且具有相应业务资格的商业银行、企业集团财务公司应市场主体要求，向电网企业开立的书面信用担保凭证，其中，企业集团财务公司只能对本集团成员单位开具。

2.2 准入条件

2.2.1 基本准入条件

2.2.1.1 参加市场交易的市场主体，应当是符合国家相关政策要求，具有法人资格、财务独立核算、信用良好、能够独立承担民事责任的经济实体。内部核算的市场主体（电网企业保留的调峰调频电厂除外）经法人单位授权，可参与相应电力交易。

企事业单位、机关团体等具有必要的单位名称、法定代表人（或负责人）、统一社会信用代码，可参与相应电力交易。

【解读】企事业单位、机关团体等存在工商业用电类别的，可参与相应电力交易。

2.2.1.2 市场主体资格采取注册制度。应符合国家及湖南省有关电力市场交易的准入条件，并按程序完成注册后方可参与电力市场交易。

2.2.2 各交易主体具体准入条件

2.2.2.1 发电企业应具备以下条件。一是依法取得发电项目核准或者备案文件，依法取得或者豁免电力业务许可证（发电类）；暂未取得电力业务许可证（发电类）的新投产发电企业可先行申请办理市场注册，但应在机组通过试运行后 3 个月内（风电、光伏发电项目应当在并网后 6 个月内）取得电力业务许可证（发电类）。在规定期限内，因自身原因仍未取得电力业务许可证（发电类），仍不满足准入条件，造成合同不能履行的，由发电企业承担相应责任。享受关停电量补偿政策的发电企业，可在电力交易机构注册，转让补偿电量。二是并网自备电厂公平承担发电企业社会责任、承担国家依法依规设立的政府性基金及附加、政策性交叉补贴和系统备用容量费,取得电力业务许可证(发电类),达到能效、环保要求,可作为市场主体参与市场交易。三是分布式发电企业符合分布式发电市场交易试点规则要求。

2.2.2.2　电力用户应具备如下条件:一是工商业用电类别的全部电量应进入电力市场;二是符合电网接入规范,满足电网安全技术要求,与电网企业签订正式供用电合同;三是具有相应的计量能力或者技术替代手段,满足市场计量和结算要求。

2.2.2.3　售电公司应具备如下条件:一是符合《国家发展改革委 国家能源局关于印发〈售电公司管理办法〉的通知》(发改体改规〔2021〕1595 号)和湖南省售电公司有关管理规定;二是拥有配电网运营权的配售电企业应取得电力业务许可证(供电类)。

2.2.2.4　电网企业应具备如下条件:一是应取得电力业务许可证(供电类);二是开展代理购电的电网企业,应在电力交易机构履行相关注册手续。

2.2.2.5　储能企业、负荷聚合商等新兴市场主体准入条件按相关文件执行。

【解读】推动储能、分布式发电、负荷聚合商、虚拟电厂和新能源微电网等新兴市场主体参与交易是国家政策的要求,也是新型电力系统发展的要求。

在现有电力市场的框架和规则下,新型储能参与电力容量市场、中长期市场、现货市场和辅助服务市场的身份已基本明确,但还存在诸多问题需加以解决。一是新型储能市场交易价格还未有效形成,价格激励相对不足。如果新型储能市场价格采用政府限价方式,不能充分体现新型储能的市场价值。固定价格机制也未能准确反映不同系统、不同时期的价值差异,可能造成价格信号扭曲。二是现货和辅助服务市场协同竞价机制不清晰,新型储能市场盈利空间有限。如果电力现货和辅助服务市场在建设初期有很大可能分别运行,如何优化两个独立市场竞价对新型储能挑战较大,不易找到最优策略,盈利水平较难保证。三是中长期市场仍以物理合约为主,新型储能中长期交易如何构建有待探索,新型储能中长期金融合约如何与其协调还不清晰。四是电力容量市场机制构建还有争议,新型储能容量机制还有待讨论。

从目前来看,虚拟电厂的市场定位和市场准入标准不明确。在市场定位方面,由于虚拟电厂聚合资源的多元性,通常有发电企业、售电公司、电力用户等多重市场定位,不同的市场定位决定了其参与市场的类型、策略,享受的权利义务完全不同。在市场准入方面,国家能源局于2021年底颁布《发电侧并网运行管理实施细则》和《并网发电厂辅助服务管理实施细则》,明确将虚拟电厂作为一类并网主体和辅助服务市场参与主体,但各地针对虚拟电厂准入辅助服务市场规则仍不完善,在参与中长期、容量补偿(市场)方面,则缺少相关机制;虚拟电厂在容量规模、响应时间等方面尚缺乏统一标准。故市场主体准入条件有待通过制定相应的政策并按相关要求执行。

2.3 市场注册程序

市场主体参与电力市场交易,应当符合湖南省电力市场准入条件,在电力交易机构办理市场注册并保证注册提交材料的真实性、完整性。

2.3.1 市场主体注册遵循原则：

2.3.1.1 拟参加电力交易的发电企业、售电公司、批发电力用户、代理购电电网企业等市场主体，根据政府有关部门发布的准入条件，按照规定程序和时限办理注册申请，注册程序应包含申请、承诺、核实、公示、注册、公布、备案等环节，接受社会监督，办理时限从申请主体递交合格的注册申请起，不应超过20个工作日。自愿注册成为合格的市场主体，参与电力市场交易。

2.3.1.2 除豁免情形外，暂未取得发电业务许可证的新投发电企业可申请办理市场注册手续。但应在项目完成启动试运后3个月内（风电、光伏发电项目应当在并网后6个月内）取得电力业务许可证。超过规定时限仍未取得电力业务许可证、注册信息与许可证记录信息不符的机组不得继续参与交易，造成合同不能履行的，由发电企业承担相应责任。

2.3.1.3 对于发电企业或电力用户增项成立的售电公司，在电力交易机构注册时，应按照不同市场主体类型分类注册管理。该类发电企业或电力用户同其自身增项的售电公司在电力交易平台开展业务时，相关流程严格按照一般售电公司业务执行，防止不正当竞争。

2.3.1.4 电力交易机构按照"公平、公正、公开"的原则提供市场注册服务。所有符合准入条件的市场主体按照"自主自愿、自由选择"的原则开展注册工作。

2.3.1.5 当国家政策调整或交易规则发生重大变化时，电力交易机构可以视情况组织已注册市场主体重新签订入市承诺书、办理注册手续。

2.3.1.6 条件成熟时，省外交易机构注册的售电公司持已注册交易机构开具的资信证明并经省能源局及电力交易机构确认后可直接参与该省电力交易。

【解读】按照"一地注册，信息共享"原则，外省推送至湖南的售电公司在湖南需具备相应的经营场所、技术支持系统，经湖南电力交易中心开展售电公司准入公示后，平等参与湖南电力市场化交易。

2.3.2 市场主体承诺及注册流程：

2.3.2.1 提前准备相关材料。市场主体提前准备注册需提交的材料，办理第三方数字证书（零售用户无须办理第三方数字证书），填写基础信息资料和编写相关说明性材料，相关资料需由本单位法定代表人（或授权委托人）签字并加盖单位公章。企事业单位、机关团体等相关资料由本单位法定代表人（或负责人、授权委托人）签字并加盖单位公章。法定代表人（或负责人）应与相关营业执照、法人证书或统一社会信用代码证书等证件登记一致。

【解读】在注册资料中"第一联系人授权委托书"不能作为"法定代表人授权委托书"或"单位授权委托书"使用。"第一联系人授权委托书"的授权项中仅授权了被委托人担任市场主体第一联系人，核对登记材料中的复印件并签署核对意见，修改公司自备文件和有关表格的错误，领取交易账号、密码和有关文书。

2.3.2.2 注册申请。登录湖南电力交易平台（https://pmos.hn.sgcc.com.cn），根据网站提示，线上阅读并确认勾选入市承诺书、入市协议和风险告知书后办理用户注册手续，录入信息并上传相关材料附件。零售用户需在电力交易平台提交电网企业营销系统户号及查询密码，获取营销系统的计量点档案信息，完成用电单元信息登记。零售用户可授权售电公司代办。

【解读】所有扫描件档案用作交易平台附件上传，需采用JPG、PDF格式，各扫描件单独分开整理，图片清晰且命名为《××公司营业执照》《××公司授权委托书》等，单个文件大小不能超过5M，文件命名需正确便于识别；用户或被授权代办的售电公司可自行登录电力交易平台对注册信息进行滚动更新、维护，及时维护企业联系人、企业法人等信息，确保信息准确。

用电单元是指用电户号下计量不同用电成分的电能表编号，是电力用户用电计量表计的唯一标志。用电户号又叫用电编号，是供电企业给每位用电客户的数字编号，是客户用电账户的唯一标志。户号与电能表编号是唯一的。一个用电户号可对应多个用电单元。

2.3.2.3 电力交易机构在收到市场主体提交的注册申请和相关资料后，原则上5个工作日内完成注册资料的形式审查，对资料不全和不合规范的，电力交易机构予以驳回注册申请并注明驳回原因，市场主体可补充资料后再次提交注册申请。注册申请形式审查通过后，发电企业、售电公司、批发市场电力用户、代理购电电网企业等市场主体须前往电力交易机构递交已签字盖章的入市承诺书及相关资料进行一致性审查。

2.3.2.4 入市承诺。电力用户提交注册申请时应签署入市承诺书，承诺符合国家相关政策要求，对其注册资料的真实性负责。

电力交易机构将审查通过的市场主体相关信息在湖南电力交易平台等网站进行公示，公示通过后，注册生效。

2.3.2.5 售电公司的注册信息由电力交易机构在售电公司完

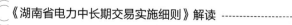

成注册工作后 5 个工作日内推送至电网企业。

【解读】湖南电力交易中心编制并发布了零售用户注册流程，具体见图 2-1。

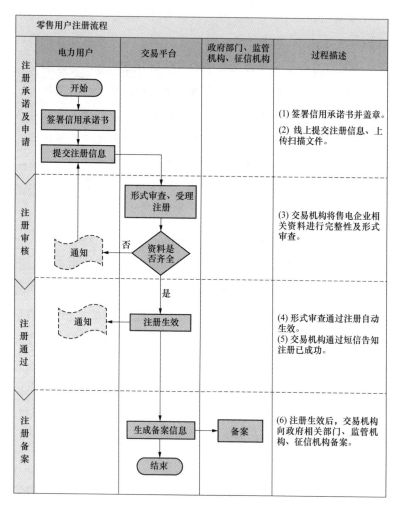

图 2-1　零售用户注册流程

2.3.3　零售用户注册所需材料：

（1）注册申请表。

（2）签署入市承诺书。

（3）营业执照原件扫描件。

（4）法定代表人（或授权委托人）身份证扫描件。

（5）经办人授权委托书。

（6）企事业单位、机关团体等需提供法定代表人（或负责人、授权委托人）身份证扫描件。

2.3.4　发电企业注册所需材料：

（1）注册申请表。

（2）营业执照原件扫描件。

（3）法定代表人（或授权委托人）身份证扫描件。

（4）发电业务许可证（正本、副本）原件扫描件。

（5）政府核准文件原件扫描件。

（6）经办人授权委托书。

（7）交易员授权委托书。

（8）签署入市承诺书、入市协议。

（9）其他文件（如有）。

2.3.5　批发用户注册所需材料：

（1）注册申请表。

（2）营业执照原件扫描件。

（3）法定代表人（或授权委托人）身份证扫描件。

（4）供用电合同原件扫描件。

（5）经办人授权委托书。

（6）交易员授权委托书。

（7）签署入市承诺书、入市协议。

2.3.6 售电公司注册所需材料：

（1）注册申请表。

（2）营业执照原件扫描件。

（3）法定代表人身份证扫描件。

（4）银行开户许可证或基本存款账户信息证明。

（5）资产证明，主要指具备资质、无不良信用记录的会计事务所出具的该售电公司近 3 个月内的资产评估报告，或近 1 年的审计报告，或近 6 个月的验资报告、银行流水，或开户银行出具的近 1 个月内的实收资本证明。审计报告、验资报告、银行流水、评估报告、实收资本证明等材料应不小于售电公司注册承诺的资产总额。

【**解读**】审计报告、验资报告、银行流水、评估报告、实收资本证明等资产证明择其一即可。

（6）会计事务所信用证明，指为注册售电公司出具资产证明的会计事务所的信用证明。

【**解读**】该证明为中国人民银行出具的征信报告。

（7）企业及从业人员资质情况证明，包括企业人员职称证书、劳动合同和社保缴纳证明原件扫描件。

【**解读**】职称证书由政府人力资源和社会保障部核准备案，国务院各部门、中央企业、全国性行业协会学会、人才交流服务机构等组建的职称评审委员会颁发的电力类或经济类职称证书。电力类专业可包括电力系统、电气工程、自动化、热动、电力电子、机电、通信等强弱电领域。经济类专业可包括会计、经济、审计、统计、工商管理、市场营销、财税金融等。社保记录有社保中心出具的个人版或企业版社保缴费记录。社保缴费记录落款日期为注册当月或上月，能反映该人员距离注册月份前3个月社保缴纳单位信息。

（8）企业经营场所的商业地产不动产权证书或1年及以上的租赁协议原件扫描件。

【解读】不动产权证书权利人应与售电公司或租赁合同甲方一致，房屋使用性质为写字楼、商业用房等非住宅性质。

（9）电力市场技术支持系统需要的信息系统和客户服务平台证明材料。

【解读】证明材料包括：①提供与技术开发商签署的《软件开发/采购合同》或《软件服务协议》，合同期限能覆盖注册日期起至少1年。②提供由国家版权局出具的软件著作权证书。③同时提供平台功能截图，至少包含报价、信息报送、合同签订、客户服务4项基本功能，图片含清晰可见的登录信息、企业标识。

（10）由"信用中国"网站出具的"信用中国"信用信息报告，中国人民银行出具的售电公司企业信用报告及法定代表人、主要股东（企业股东或个人股东）的征信报告，信用报告日期距离注册日期不得超过3个月。

（11）经办人授权委托书。

（12）交易员授权委托书。

（13）签署入市承诺书、入市协议。

拥有配电网运营权的售电公司还需提供材料：

（1）电力业务许可证（供电类）。

（2）省级政府主管部门对配电网项目供电营业区的界定

23

文件。

(3) 配电网电压等级，配电网地理接线图等相关资料。

2.3.7 相关注册材料应提交扫描件，并注明"与原件一致"，由企业法定代表人（或授权委托人）签字并加盖公章；提交材料涉及签署，应使用黑色或蓝黑色钢笔或签字笔签署；未注明签署人的，自然人由本人签字，法人和其他组织由其法定代表人或授权委托人签字并加盖公章。

2.3.8 其他市场主体准入条件由政府相关文件明确。电力交易机构提供注册服务。

2.3.9 公示流程：

2.3.9.1 发电企业、售电公司注册申请通过后，电力交易机构通过湖南电力交易平台等网站，将市场主体注册信息相关材料向社会公示，公示期为 30 天。

2.3.9.2 批发用户注册申请通过后，电力交易机构通过湖南电力交易平台等网站将批发用户的信息相关材料向社会公示，公示期为 10 天。零售用户注册申请通过后，不再公示。

【解读】1439 号文要求工商业用户全部直接参与电力市场，并取消了工商业目录电价，因此简化零售用户注册流程。

2.3.9.3 公示期满无异议的，市场主体注册自动生效，电力交易机构为其交易账号设置权限。公示期间存在异议的，注册暂不生效，市场主体可自愿提交补充材料并申请再次公示；经两次公示仍存在异议的，由湖南能源监管办、省发展改革委和省能源局核实处理。

2.3.9.4 电力交易机构定期汇总市场主体注册情况，建立交易市场主体目录，实行动态管理，向湖南能源监管办、省发展改革委、省能源局和省政府引入的第三方征信机构备案,并通过"信用中国"网站、湖南能源监管办网站、省能源局网站和电力交易机构网站向社会公布。

2.3.9.5 电力交易机构对不满足准入条件的,应驳回注册申请并注明理由。对申请材料不符合要求的,应驳回注册申请并注明修改和补充意见,申请单位可按驳回意见完善申请材料并再次申请注册。申请单位修改和补充材料的时间不计算在审查工作时限内。

2.3.9.6 对电力交易机构的决定有异议的,申请单位可以在收到处理通知之日起 30 日内向湖南能源监管办提请复议。

2.3.9.7 对于参与批发市场的市场主体,需使用数字证书 UKey,电力交易机构在收到其提交的数字证书 UKey 绑定申请后,完成数字证书绑定。市场主体变更注册信息,须向电力交易机构提出申请,电力交易机构按照注册管理工作制度的规定办理。

【**解读**】市场成员完成注册后,进入电力交易平台,进行手机号绑定,将该登录账号设置为企业管理员账号。完成绑定后,登录账号注册所属地电力交易中心首页,输入短信验证码进行短信验证;法人信息和企业信息未实名认证的账户需先按要求进行实名认证,认证通过后,进行线上数字证书办理。

2.4 注册信息变更

市场主体注册信息变更时,须向电力交易机构提出申请,电力交易机构按照注册管理工作制度有关规定办理。

2.4.1 信息变更包括但不限于：

2.4.1.1 因新建、扩建、兼并、重组、合并、分立等导致市场主体股权、经营权、营业范围发生变化的。

2.4.1.2 企业更名、法人变更的。

2.4.1.3 发电企业通过设备改造、大修、变更等，关键技术参数发生变化的。

2.4.1.4 售电公司注册资本、资产总额、实缴资本、股东构成、统一社会信用代码变更的。

2.4.1.5 其他与市场准入资质要求相关的信息变更等。

2.4.2 变更流程：

2.4.2.1 已在电力交易机构注册的市场主体注册信息发生变化时，应在 5 个工作日内向电力交易机构申请变更，如果市场主体类别、法人、业务范围、公司股东等有重大变化的，市场主体应再次予以承诺、公示。公示期满无异议的，电力交易机构对注册信息变更申请及变更情况进行确认并向社会发布。

2.4.2.2 若市场主体未按要求在电力交易机构进行信息变更，且拒不整改的，电力交易机构将情况报湖南能源监管办、省发展改革委和省能源局，并通过电力交易平台网站对外进行通报，该情况视为提供虚假信息纳入市场主体信用评价。

2.4.2.3 市场主体须及时根据实际情况对电力交易平台的注册信息进行动态更新，因注册信息未及时更新与实际信息不一致的，由市场主体自行承担相应责任。

2.4.2.4 已直接参与市场交易的电力用户发生并户、销户或者用电类别、电压等级等用电信息变更时，电力用户应先在电网企业营销部门办理变更业务，变更信息由营销系统同步至电力交易平台；发生新增户号时，电力用户在电网营销办理业务完成后，需在同一抄表周期内至电力交易平台办理新增户号业务。

2.5 市场退出管理

2.5.1 在电力交易机构注册的售电公司、发电企业等市场主体有下列情形之一的，应强制退出市场并注销注册，强制退出的市场主体应按合同约定承担相应违约责任，电力交易机构可提出处罚建议报湖南能源监管办、省发展改革委和省能源局批准后执行：

（1）违反国家及省有关法律法规和产业政策规定的。

（2）严重违反市场交易规则、发生重大违约行为、恶意扰乱市场秩序，且拒不整改的。

（3）未按规定履行信息披露义务、拒绝接受监督检查、隐瞒有关情况或者以提供虚假申请材料等方式违法违规入市，且拒不整改的。

（4）依法被撤销、解散，依法宣告破产、歇业的。

（5）因自身原因不能持续保持准入条件、企业违反信用承诺且拒不整改或信用评价降低为不适合继续参与市场交易的。

（6）法律、法规规定的其他情形。

2.5.2 已经选择参与市场交易的发电企业、电力用户等市场主体，原则上不得自行退出市场。有下列情形之一的，可办理正常退市手续，在办理正常退市手续后，执行国家有关发用电政策：

（1）市场主体宣告破产，不再发电、用电或者经营。

（2）因国家政策、电力市场规则发生重大调整，导致原有市场主体非自身原因无法继续参加市场的情况。

（3）因电网网架调整，导致发电企业、电力用户的发用电物理属性无法满足所在地区的市场准入条件。

（4）电力用户用电类别变更，不再满足市场准入条件。

【解读】 用户用电类别变更为居民或者农业用电，可正常退市。

2.5.3 发电企业、电力用户等市场主体存在上述情形的可申请退出市场，并提前 30 个工作日向电力交易机构提交退出申请，申请内容包括：

（1）市场退出原因。

（2）与其他市场主体之间的交易及结算情况。

（3）与其他市场主体之间尚未履行完毕的交易协议的处理情况。

当有下列情形之一时，拒绝该市场主体的退出：

（1）该市场主体的退出将影响电网安全稳定运行，影响关联用户正常供电等。

（2）该市场主体有应当履行而未履行的责任和义务。

2.5.4 售电公司退出按照《国家发展改革委 国家能源局关于印发〈售电公司管理办法〉的通知》（发改体改规〔2021〕1595号）及湖南能源监管办、省发展改革委、省能源局有关规定执行。售电公司有下列情形之一的，应强制退出市场并注销注册：

（1）隐瞒有关情况或者以提供虚假申请材料等方式违法违规入市，且拒不整改的。

（2）严重违反市场交易规则，且拒不整改的。

（3）依法被撤销、解散，依法宣告破产、歇业的。

（4）违反信用承诺且拒不整改或信用评价降低为不适合继续参与市场交易的。

（5）被有关部门和社会组织依法依规对其他领域失信行为进行处理，并被纳入严重失信主体"黑名单"的。

（6）出现经营困难，可能严重影响配电网有效建设、运营或可能无法保障合同用户安全用电的。

（7）法律、法规规定的其他情形。

2.5.5　售电公司可以自愿申请退出售电市场，需提前 30 个工作日向省能源局提交退出申请。申请退出之前应将所有已签订的交易合同履行完毕或转让，并处理好相关事宜。拥有配电网经营权的售电公司自愿申请退出电力市场时，还须妥善处置好配电资产。若无其他公司承担该地区配电业务，则由电网企业接收并提供保底供电任务。

2.5.6　电力用户因自身原因无法履约的，则按合同约定承担相应违约责任；非自身原因无法履约的，应提前至少 30 天，以书面形式告知电网企业、相关售电公司、电力交易机构以及其他相关方，由售电公司代理的应与代理售电公司协商一致后签订《电力零售市场购售电解绑协议》，并处理好相关事宜。

2.5.7　无正当理由退市的售电公司、发电企业等市场主体，原则上原法人以及其法定代表人 3 年内不得再选择电力市场化交易，由电力交易机构进行注销，并向社会公示。

已直接参与市场交易（不含已在电力交易平台注册但仍由电网企业代理购电的用户）在无正当理由情况下改由电网企业代理购电的、拥有燃煤发电自备电厂且由电网企业代理购电的、暂不能直接参与市场交易的高耗能用户由电网企业代理购电，用电价格由电网企业代理购电价格的 1.5 倍、输配电价、政府性基金及附加组成。

【解读】用户与售电公司的代理关系到期或解除后，应在下个交易期限前续签或与其他售电公司确认新的代理关系，否则暂转为电网企业代理购电。

2.5.8 售电公司、发电企业等市场主体退出后，必须执行下列规定：

（1）该市场主体应按规定停止其在市场中的所有交易活动。

（2）市场主体在办理退出手续后 15 个工作日内，应结清与所有相关市场主体的账目及款项。

（3）注册资格退出后，该市场主体应将所有已签订的交易合同履行完毕或转让，并按合同约定承担相应违约责任，妥善处理相关事宜。

（4）市场主体退出后，该市场主体在其资格停止前与另一市场主体存在的争议按照此前合同约定解决。

【解读】对于非用户自身原因造成短期不能直接参与市场交易的工商业用户，可考虑由保障性售电公司提供过渡期服务，服务期满后，若服务对象仍不直接参与电力市场交易，可视为无正当理由退市。另外，对于认定为无正当理由退市的用户，允许其再次参与市场交易的条件也有待明确。

2.6 暂停交易管理

售电公司因履约保函、信用等级等原因暂停交易时，该售电公司视为不符合市场履约风险有关要求，其代理的零售用户购售绑定关系自动失效，按照《国家发展改革委 国家能源局关于印发〈售电公司管理办法〉的通知》（发改体改规〔2021〕1595号）第三十六至第三十八条执行，政府主管部门暂未确定保底售电公司时，可由电网企业代理购电或用户自主选择其他售电公司。若用户未及时绑定其他售电公司而转由电网企业代理购电，该用户按代理购电价格的1.5倍执行，其中50%的代理购电价格由原已暂停交易的售电公司承担。此价格执行满1个月后，若用户仍为电网企业代理购电，则50%的代理购电价格由用户自行承担。

暂停交易及申请退出市场的售电公司应及时转让其交易合同（包含年度合同），否则仍按《湖南省电力中长期交易实施细则》第8.7节的规定进行结算。

3 价格机制与出清算法

本章主要说明湖南电力中长期市场交易的价格形成机制以及集中竞价统一出清、集中竞价高低匹配、定价方式挂牌交易、竞价方式挂牌交易出清算法等。

3.1 概述

3.1.1 电力中长期交易坚持市场化定价原则，由市场主体通过双边协商、集中竞价、挂牌等市场化方式形成，第三方不得干预。

3.1.2 市场交易价格在"基准价+上下浮动"范围内形成。发电企业、批发市场电力用户、售电公司、代理购电电网企业等参与市场交易时，基于燃煤发电基准价申报价差，达成交易的价差即为市场交易价差；上下浮动范围按照国家有关政策文件执行。

【解读】根据1439号文，有序放开全部燃煤发电电量上网电价，扩大市场交易电价上下浮动范围，推动工商业用户都进入市场，按照市场价格购电，取消工商业目录销售电价，真正搭建"能涨能跌"的市场化电价机制。购售双方均基于燃煤发电基准价申报价差，发电侧成本上涨有效传递至终端用户。

燃煤发电市场交易价格浮动范围扩大为上下浮动原则上不超过20%，高耗能企业市场交易电价不受上浮20%限制，电力现货价格不受该幅度限制，一方面更好体现供需成本，另一方面市场交易价格浮动更为灵活。

3.1.3　执行燃煤发电基准价电源的市场电量结算价格为燃煤发电基准价与市场交易价差二者之和，其中燃煤发电价格包括脱硫、脱硝、除尘和超低排放电价。政府批准上网目录电价高于或低于燃煤发电基准价的省内其他电源（简称"非燃煤发电基准价电源"）参与湖南电力市场交易时，其市场电量的结算价格为政府批准上网电价（跨区跨省送入落地湖南电价）与市场交易价差二者之和。

新投产发电机组的调试电量执行调试电价政策。

【解读】细则按基准电价将电源分为两类：一是燃煤发电基准价电源，主要是常规燃煤机组，以及以燃煤发电基准价作为挂钩基准的新能源机组；二是非燃煤发电基准价电源，包括煤矸石机组、水电机组等。

燃煤发电基准价继续作为新能源发电等价格形成的挂钩基准，在湖南电力市场中长期交易中，考虑火电与新能源发电企业发电成本不同所造成的市场竞争力不同，二者的价格申报范围不同。

为解决不同上网（基准/批复）电价电源同台竞争的公平性问题及各类电源之间的价格差异问题，规则仍维持价差申报方式，再通过基准价进行转换，并通过输配电价进行传导至用户侧。

3.1.4　市场用户的用电价格由市场交易价格、新增损益（含偏差费用）、输配电价（含线损及政策性交叉补贴）、辅助服务费用、政府性基金及附加等构成，用户用电价格发挥促进入市用户公平承担系统平衡需求的责任。

其中，市场交易价格由燃煤发电基准价加上市场交易价差确定；新增损益按政府有关规定执行；辅助服务费用按照湖南省电力辅助服务市场相关规则执行；输配电价格、政府性基金及附加按政府有关规定执行；零售市场用户的市场交易价差由用户与售电公司协商确定。

【解读】市场用户侧价格以输配电价模式通过市场方式形成。新增损益是指电网企业为保障居民、农业价格稳定所产生的损益。居民、农业用电由电网企业保障供应，执行现行目录销售电价政策。在实际运行中，居民、农业用电的需求是波动的，电网企业从电源侧购得的用于居民、农业的电量和加权平均价是变化的，供需两侧量价不匹配将对电网企业产生一定的损益，这部分损益纳入电价中由市场用户分摊或分享。

3.1.5 电网企业代理购电用户电价由代理购电价格（含加权平均购电价、新增损益、辅助服务费用等）、输配电价、政府性基金及附加组成。

【解读】根据1439号文与《国家发展改革委办公厅关于组织开展电网企业代理购电工作有关事项的通知》（发改办价格〔2021〕809号），湖南省发展改革委发布《湖南省电网企业代理购电实施细则（试行）》（湘发改价调〔2022〕300号），明确代理购电用户电价形成方式，其中，加权平均购电价与新增损益形成平均上网电价，加权平均购电价由湖南省外燃煤发电、省外优先发电、省内优先发电、市场化采购的购电费及对应的电量确定。新增损益包括保障居民、农业用电价格稳定产生的损益、平滑资金和清算费用等，由全体工商业用户（代理购电用户、直接参加电力市场交易用户）分摊或分享。

其中，平滑资金用于调节各月代理购电价格，避免各月代理购电价格之间出现过大波动。

已直接参与市场交易（不含已在电力交易平台注册但未曾参与电力市场交易，仍按目录销售电价执行的用户）在无正当理由情况下改由电网企业代理购电的用户，拥有燃煤发电自备电厂、由电网企业代理购电的用户，暂不能直接参与市场交易而由电网企业代理购电的高耗能用户，用电价格由电网企业代理购电价格的 1.5 倍、输配电价、政府性基金及附加组成。电网企业代理上述用户购电形成的增收收入，纳入其为保障居民、农业用电价格稳定产生的新增损益统筹考虑。

已在电力交易平台注册但未曾参与电力市场交易的电力用户，由电网企业代理购电时，其用电价格由电网企业代理购电价格、输配电价、政府性基金及附加组成。

已完成市场注册且已开展交易的用户，当合同期满变更零售业务绑定关系，因电网企业、电力交易机构未及时完成业务流程而实际发生用电时，其用电价格由电网企业代理购电价格、输配电价、政府性基金及附加组成。

已直接参与市场交易在无正当理由情况下改由电网企业代理购电的用户，电力交易机构将用户名单报政府主管部门，经公示无异议后，报监管机构备案，传递电网企业执行。

3.1.6 批发市场中，发电企业与用户、售电公司的交易价差通过市场化方式确定。其中，双边协商交易的交易价差由发电企业与用户或售电公司自主协商确定，按照双方合同约定执行。集中竞价交易的交易价差由电力交易平台出清计算确定，出清算法原则上采用统一出清法（边际价格法），也可以采用高低匹配法

（撮合出清法）。定价方式挂牌交易的交易价差按照挂牌价差确定，出清算法详见后续章节。竞价方式挂牌交易（单边集中竞价交易）的交易价差由电力交易平台出清计算确定，出清算法详见后续章节。

3.1.7 零售市场中，用户的交易价差由用户与售电公司在规定范围内协商确定，或按照一定标准收取代理服务费；零售市场用户与售电公司达成交易后，由售电公司通过电力交易平台申报交易价差。

【解读】输配电价模式下，售电公司在电力市场可以通过批发市场和零售市场的差价获得收益，也可以按一定标准收取固定代理服务费获得收益，或者以零售套餐形式获得收益。

在电力交易平台，由售电公司申报价差，零售用户还须在平台进行确认。

3.1.8 执行分时电价的电力用户，参与市场交易后继续执行湖南省分时电价、基本电价、功率因数考核等电价政策。

采用约定发用电曲线一致合同的电力用户，按市场交易电价结算，其市场交易电价峰谷比例应不低于湖南省分时电价政策要求；未申报用电曲线以及市场交易电价峰谷比例低于湖南省分时电价政策要求的，用户用电价格应按照湖南省分时电价政策规定的峰谷时段划分及浮动比例执行。

【解读】有效衔接市场交易价格机制与分时电价政策，通过各时段价格反映电量供需形势和供应成本，引导发电企业、电网企业和电力用户等主动参与调峰。根据湖南发展改革委出台的《关于进一步完善我省分时电价政策及有关事项的通知》（湘发改价调规〔2021〕848 号），年峰谷时段按每日 24h 分为高峰、平段、低谷三段各 8h,高峰为 11:00～14:00、18:00～23:00;平段为 7:00～11:00、14:00～18:00;低谷为 23:00～次日 7:00;每年 1 月、7 月、8 月、9 月、12 月,对执行分时电价的工商业用户,实施季节性尖峰电价,每日 18:00～22:00 为尖段,用电价格在高峰电价的基础上上浮 20%。高峰、平段、低谷电价比调整为 1.6:1:0.4。工商业用户平段电价由市场交易购电价格(电网企业代理购电价格)、输配电价、政府性基金及附加组成。农业生产用户平段电价按目录售销电价执行。政府性基金及附加、基本电费不参与浮动。对没有选择执行分时电价的一般工商业及其他电力用户,其用电价格按照上月分时电价用户的平均用电价格执行。

3.1.9 合同转让交易价格为合同电量的出让或者买入价格,不影响出让方原有合同的价差和结算。省内合同电量转让、回购,以及跨省跨区合同回购不收取输电费和网损。跨省跨区合同转让应按潮流实际情况考虑输电费和网损。

3.1.10 外省发电企业参与湖南电力市场交易时,跨省跨区交易的受电落地价格由成交价格(送电价格)、输电价格(费用)、输电损耗和跨省交易辅助服务补偿构成。其中,输电价格按照价格主管部门有关规定执行。输电损耗在输电价格中已明确包含的,不再单独或另行收取;未明确的,以前三年同电压等级线路的输电损耗水平为基础,通过预测得出输电损耗率,报国家能源局备案后执行。输电损耗原则上由买方承担,也可由市场主体协商确定承担方式。

3.1.11 双边协商交易原则上不进行限价,在燃煤交易价格上浮期间和丰水季节可以限制市场交易价差范围。集中竞价交易中,为避免市场操纵及恶性竞争,可以对报价或出清价格设置上、下限。价格上、下限原则上由电力交易机构或省电力市场管理委员会提出，报湖南能源监管办、省发展改革委、省能源局批准后执行。

【解读】根据1439号文，各地发展改革部门要密切关注煤炭、电力市场动态和价格变化，积极会同相关部门及时查处市场主体价格串通、哄抬价格、实施垄断协议、滥用市场支配地位等行为，电力企业、交易机构参与电力专场交易和结算电费等行为，以及地方政府滥用行政权力排除、限制市场竞争等行为，对典型案例公开曝光，维护良好市场秩序。指导发电企业特别是煤电联营企业统筹考虑上下游业务经营效益，合理参与电力市场报价，促进市场交易价格合理形成。

3.1.12 由拥有配电网经营权的配售电企业供电的电力用户直接参与市场交易应完成市场注册手续，取得市场交易资格，暂按以下价格机制：

（1）与所在配售电企业签订协议，事先约定计量、电量、电价与结算等相关事宜。

（2）根据电力交易机构出具的结算依据，配售电企业分别与电力用户、省级电网企业开展结算。

（3）配电价格实行最高限价管理，配电价格最高限价标准为电力用户接入电压等级对应的省级电网输配电价减去增量配电网接入电压等级对应的省级电网输配电价。招标方式确定投资主体的配电网，配电价格在最高限价水平内通过招标方式形成；非招标方式确定投资主体的配电网，配电价格由配售电企业在最高限价水平内自主确定。

3.2　集中竞价统一出清算法

3.2.1　集中竞价统一出清计算以"价差优先、时间优先、环保优先"为原则。

【**解读**】集中竞价在交易场所内集中进行，有两个以上的购方和两个以上的售方通过竞价形式确定购售价格的一种交易方式，当购方和售方申报的价格等条件相匹配时即可成交。

电力市场集中竞价交易的出清机制包括统一出清方式和高低匹配出清方式。市场主体在交易申报截止时间内，通过电力交易平台申报电量、电价，电力交易平台按照市场规则进行市场出清。

其中，统一出清算法根据最后一个匹配对形成的匹配价格确定市场统一出清价格，所有成交电量均按该价格出清。

出清计算以"价差优先、时间优先、环保优先"为原则，经安全校核后，确定最终的成交对象、电量和价格等的交易。

3.2.2　按照购电申报价差由高到低的顺序对电力用户、售电公司的申报电量进行排序，价差相同时按照最终申报时间早者优先的原则排序，价差、时间均相同时暂将多个申报电量合并，由此形成价差单调递减的购方申报电量队列。在成交结果出来后，对于价差、时间均相同的合并申报电量，根据申报电量比例将成交电量分配给电力用户和售电公司。

【**解读**】价差申报双方包括电力购方和电力售方。对购方来说，根据价差优先、时间优先原则，首先按照购电申报价差由高到低的顺序进行排序，价差相同时再按照申报时间由早到晚进行排序，价差、时间均相同时将购方多个申报电量合并，最后成交根据申报电量比例进行分配，具体排序可见【例3.2-1】。

【例3.2-1】上午10:00，某售电公司1出价–12.01元/MWh，申报电量100MWh；某售电公司2出价–13.05元/MWh，申报电量95MWh。10:10，某售电公司3出价–12.01元/MWh，申报电量110MWh；某售电公司4出价–12.05元/MWh，申报电量105MWh。根据购方价差优先、时间优先原则，购方用户申报排序情况见表3-1。

表3-1　　　　　　　　　　购方用户申报排序情况

交易单元名称	申报时间	电价（元/MWh）	电量（MWh）
售电公司1	10:00	−12.01	100
售电公司3	10:10	−12.01	110
售电公司4	10:10	−12.05	105
售电公司2	10:00	−13.05	95

在实际交易中，湖南电力交易平台时间排序精确至微秒级，即0.000001s。

3.2.3 按照售电申报价差由低到高的顺序对发电企业的申报电量排序，价差相同时按照最终申报时间早者优先的原则排序，价差、时间均相同时按照"可再生能源优先，节能环保优先"的原则排序；当以上条件均相同时，暂将多个申报电量合并，由此形成价差单调递增的售方申报电量队列。在成交结果出来后，对于不同发电企业的合并申报电量，根据申报电量比例将成交电量分配给不同发电企业。

【解读】对售方来说，根据价差优先、时间优先、环保优先原则，首先按照售电申报价差由低到高的顺序进行排序，价差相同时再按照申报时间由早到晚进行排序,价差、时间均相同时按照"可再生能源优先,节能环保优先"的原则排序,比如风、光等电源优先顺序高于火电;若价差、时间、环保等条件均相同,将售方多个申报电量合并,在成交结果出来后,对于不同发电企业的合并申报电量,最后成交根据申报电量比例进行分配,具体排序可见【例 3.2-2】。

【例 3.2-2】上午 10:00,某火电企业 1 出价−15.03 元/MWh,申报电量 150MWh;某火电企业 2 出价−14.28 元/MWh,申报电量 100MWh;10:10,某火电企业 3 出价−15.03 元/MWh,申报电量 80MWh;某火电企业 4 出价−13.02 元/MWh,申报电量 70MWh。某风电企业 5 出价−13.02 元/MWh,申报电量 45MWh。发电企业申报排序情况见表 3-2。

表 3-2 发电企业申报排序情况

交易单元名称	申报时间	电价（元/MWh）	电量（MWh）
火电企业 1	10:00	−15.03	150
火电企业 3	10:10	−15.03	80
火电企业 2	10:00	−14.28	100
风电企业 5	10:10	−13.02	45
火电企业 4	10:10	−13.02	70

在实际交易中,湖南电力交易平台时间排序精确至微秒级,即 0.000001s。

3.2.4 依次按顺序对购方申报队列和售方申报队列中的电量进行匹配,匹配方法如下:

3.2.4.1 从购方申报队列、售方申报队列中分别取排在最前面的申报数据。如果能够从购方申报队列和售方申报队列中取到数据，则进行下一步计算；如果购方申报队列或售方申报队列中的数据已经全部取完，则结束匹配计算。

3.2.4.2 比较购电报价（价差）和售电报价（价差），进行以下计算：

（1）如果购电报价（价差）不低于售电报价（价差），则按以下方法确定匹配对的电量和价差：匹配电量 $Q_{匹配}$ 等于购方申报电量与售方申报电量的较小值，即 $Q_{匹配} = \min\{Q_{购方申报}, Q_{售方申报}\}$；匹配价差 $P_{匹配}$ 由购电报价（价差）$P_{购方申报}$、售电报价（价差）$P_{售方申报}$、竞价差值系数 $K_{竞价差值}$ 确定，即 $P_{匹配} = P_{售方申报} + (P_{购方申报} - P_{售方申报}) \times K_{竞价差值}$。购方或售方未匹配的剩余电量进入相应队列的最前方，并回到上一步继续取数据。

（2）若购电报价（价差）低于售电报价（价差），则结束匹配计算。

说明：竞价差值系数 $K_{竞价差值}$ 原则上取 0.5，也可随市场交易供需情况调整，由电力交易机构在市场交易公告中发布。

【解读】购方和售方依据排序原则进行排列后，根据双方报价情况进行匹配，当购电报价（价差）不小于售电报价（价差），可以进行匹配，且匹配电量等于购方申报电量与售方申报电量的较小值，匹配的价格=售方申报价格+（购方申报价格–售方申报价格）×0.5，0.5 为竞价差值系数，竞价差值系数也可以调整，若购方申报电量大于售方申报电量，则购方申报电量与下一列队售方申报电量继续匹配；若购方申报电量小于售方申报电量，则下一列队购方申报电量与售方申报电量匹配，当购电报价（价差）低于售电报价（价差）时，匹配计算结束，具体如下：

【例3.2-3】以【例3.2-1】和【例3.2-2】的数据，按购方、售方排序依次进行交易匹配和成交量价的计算。售电公司1申报电量为100MWh，火电企业1申报电量为150MWh，匹配电量为100MWh，匹配价格＝－15.03＋［－12.01－（－15.03）］×0.5＝－13.52（元/MWh）；售电公司3申报电量为110MWh，与火电企业1剩余电量50MWh进行匹配，匹配电量为50MWh，匹配价格＝－15.03＋［－12.01－（－15.03）］×0.5＝－13.52（元/MWh）；售电公司3剩余电量60MWh与火电企业3申报电量80MWh进行匹配，匹配电量为60MWh，匹配价格＝－15.03＋［－12.01－（－15.03）］×0.5＝－13.52（元/MWh）；售电公司4申报电量105MWh与火电企业3剩余电量20MWh进行匹配，匹配电量为20MWh，匹配价格＝－15.03＋［－12.05－（－15.03）］×0.5＝－13.54（元/MWh）；以此类推，当售电公司2剩余电量与风电企业5进行匹配时，购电价差（－13.05）＜售电价差（－13.02），结束匹配计算。购方、售方匹配结果图见图3-1。

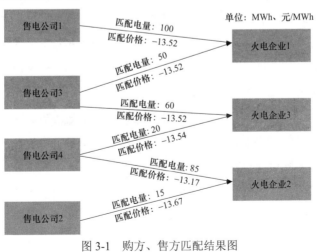

图3-1　购方、售方匹配结果图

3.2.5 根据各市场主体的匹配电量形成无约束成交结果，并提交电力调度机构进行安全校核。

【解读】安全校核由电力调控中心负责，未通过时，由电力交易机构进行交易削减。对于集中交易，可按照价差优先的原则进行削减，价差相同时按提交时间优先的原则进行削减。在实际交易中，电力交易机构一般会基于电力调度机构提供的安全约束条件，事先确定市场主体申报电量限额，以避免无约束出清后出现大量成交结果被校核削减的情况。

3.2.6 经过安全校核后，根据最后一个匹配对形成的匹配价差 $P_{匹配（最后）}$ 确定市场统一出清价差 $P_{统一出清}$，即 $P_{统一出清} = P_{匹配（最后）}$，所有成交电量均按这个价差出清，各市场主体的成交电量等于通过安全校核的匹配电量。

【解读】统一出清算法根据最后一个匹配对形成的匹配价差确定市场统一出清价差，所有成交电量均按这个价差出清，具体可见【例 3.2-4】。

【例 3.2-4】根据【例 3.2-3】数据，假设所有匹配电量形成的无约束交易结果均通过安全校核，最后一个匹配对形成的匹配价差为 –13.67 元/MWh，则 $P_{统一出清} = -13.67 元/MWh$，所有成交电量均按 –13.67 元/MWh 价差出清。

3.2.7 根据统一出清价差计算各市场主体的实际成交价格，最后发布统一出清价差和各市场主体的成交电量、电价。各市场主体的实际成交价格计算方法如下：

3.2.7.1 对于本省发电企业，竞价交易价格为市场统一出清价差与燃煤发电基准价或政府批复上网电价（非燃煤发电基准价电源）之和，公式为

$$P_{发电竞价交易} = P_{统一出清} + P_{燃煤发电基准价/政府批复上网电价}$$

【解读】湖南省采用价差模式，售电方在交易报价时以燃煤发电基准价/政府批复上网电价为基准，申报与基准价的差值，则实际成交价为统一出清价差与燃煤发电基准价/政府批复上网电价之和。具体可见【例 3.2-5】。

【例 3.2-5】根据【例 3.2-4】的数据，发电侧竞价交易价格的计算方法如下：

$$P_{发电竞价交易} = P_{统一出清} + P_{燃煤发电基准价/政府批复上网电价}$$
$$= -0.01367 + 0.45 = 0.43633 元/kWh$$

3.2.7.2 对于电力用户，用户侧竞价成交价格（用户购电价格）为市场统一出清价差、燃煤发电基准价、输配电价、政府性基金与附加、其他（辅助服务费用、新增损益）之和，公式如下：

$$P_{用电竞价交易} = P_{统一出清} + P_{燃煤发电基准价} + P_{输配电价} + P_{基金与附加} + P_{其他}$$

【解读】电力用户价格由发电交易价格、输配电价、政府性基金与附加以及其他费用构成。新增损益主要指为保障居民农业用电价格稳定的相关费用。具体可见【例 3.2-6】。

【例 3.2-6】根据【例 3.2-4】的数据，以 220kV 大工业用户为例，在不考虑其他价格情况下，用户侧竞价交易价格的计算方法如下：

$$P_{用电竞价交易} = P_{统一出清} + P_{燃煤发电基准价} + P_{输配电价} + P_{基金与附加} + P_{其他}$$
$$= -0.01367 + 0.45 + 0.1153 + 0.0463 = 0.59793 元/kWh$$

3.3 集中竞价高低匹配算法

3.3.1 出清计算以"价差优先、时间优先、环保优先"为原则。

【**解读**】集中竞价高低匹配法是按报价对参与交易的主体对购方和售方排序，并进行匹配，确定成交价格和出清的集中竞价方法。

湖南电力市场中，集中竞价以价差形式申报，购方价差减售方价差为正值或零时，匹配成功。如图 3-2 中举例的前 4 项，售方价差按从高到低排列，购房价差从低到高排列；购方价差减售方价差为负值时，匹配不成功（如图 3-2 中算例的第 5 项）。

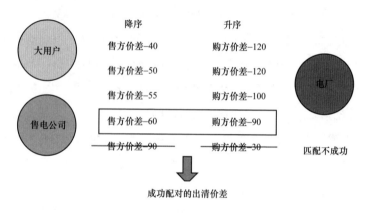

图 3-2　集中竞价高低匹配算例 1

3.3.2　按照购电申报价差由高到低的顺序对电力用户、售电公司的申报电量进行排序，价差相同时按照最终申报时间早者优先的原则排序，价差、时间均相同时暂将多个申报电量合并，由此形成价差单调递减的购方申报电量队列。在成交结果出来后，对于价差、时间均相同的合并申报电量，根据申报电量比例将成交电量分配给电力用户和售电公司。

3.3.3　按照售电申报价差由低到高的顺序对发电企业的申报

电量进行排序，价差相同时按照最终申报时间早者优先的原则排序，价差、时间均相同时按照"可再生能源优先，节能环保优先"的原则排序；当以上条件均相同时，暂将多个申报电量合并，由此形成价差单调递增的售方申报电量队列。在成交结果出来后，对于不同发电企业的合并申报电量，根据申报电量比例将成交电量分配给不同发电企业。

【解读】目前一些集中竞价高低匹配算法在传统高低匹配的基础上加上了一个比较新鲜的元素"环保调整排序价"。系统具体匹配过程中考虑环保、能耗等因素，电力用户（或售电企业）按申报电价由高到低、发电企业的环保调整排序价由低到高排序。具体的出清方式如下：

报价最高买家与环保调整排序最低价卖家先成交，电力用户申报电价减去发电企业申报价格为正则成交，形成匹配对，直至电量为零或价差为负。

当环保调整排序价相同时，按容量大小和高效环保优先原则成交。申报价格以闭市前最后一次确认为准。匹配完成后，匹配成交价采用电力用户申报报价和发电企业申报价格的均价。

3.3.4 依次按顺序对购方申报队列和售方申报队列中的电量进行匹配，匹配方法如下：

3.3.4.1 从购方申报队列、售方申报队列中分别取排在最前面的申报数据。如果能够从购方申报队列和售方申报队列中取到数据，则进行下一步计算；如果购方申报队列或售方申报队列中的数据已经全部取完，则结束匹配计算。

3.3.4.2 比较购电报价（价差）和售电报价（价差），进行以下计算：

3.3.4.2.1 如果购电报价（价差）不低于售电报价（价差），则按以下方法确定匹配对的电量和价差：匹配电量 $Q_{匹配}$ 等于购方申报电量与售方申报电量的较小值，即 $Q_{匹配} = \min\{Q_{购方申报},$ $Q_{售方申报}\}$；匹配价差 $P_{匹配}$ 由购电报价（价差）$P_{购方申报}$、售电报价（价差）$P_{售方申报}$、竞价差值系数 $K_{竞价差值}$ 确定，即 $P_{匹配} = P_{售方申报} +$ $(P_{购方申报} - P_{售方申报}) \times K_{竞价差值}$。购方或售方未匹配的剩余电量进入相应队列的最前方，并回到上一步继续取数据。

3.3.4.2.2 若购电报价（价差）低于售电报价（价差），则结束匹配计算。

说明：竞价差值系数 $K_{竞价差值}$ 随市场交易供需情况调整，由电力交易机构在市场交易公告中发布。

【解读】按照高低匹配出清方式，对发电企业申报价差由低到高排序，批发用户、售电公司申报价差由高到低排序。最低价差的售方与最高价差的购方匹配，匹配电量为购方申报电量与售方申报电量的较小值，匹配价格=售方申报价差+（购方申报价差－售方申报价差）$\times K_{竞价差值}$。以此类推直至匹配电量达到公布的集中竞价交易电量规模或者一方可成交的电量全部匹配完。

成交价差曲线表示规则中高低匹配出清方式下结算价差。很明显，当竞价差值系数取值为 0.5 时，匹配成交的发电企业和售电公司之间的结算价差是相等的，但各售电公司之间的结算价差不相同，发电企业也是如此。

对售电公司而言，其申报价差越高，在需求方申报价差-电量曲线越靠左，结算价差也越高，当然此结算价差还取决于与其匹配成交的发电企业申报价差。

在高低匹配出清方式下的主要竞争对手则变成了可能与自己

匹配成交的发电企业，揣测对手的报价底线方能为自己争取最大利益。集中竞价高低匹配算例 2 见图 3-3。

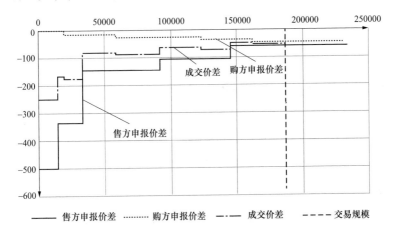

图 3-3 集中竞价高低匹配算例 2

3.3.5 根据各市场主体的匹配电量形成无约束成交结果，并提交电力调度机构进行安全校核。

3.3.6 经过安全校核后，确定各市场主体的成交电量及其实际成交价差。各市场主体的成交电量等于通过安全校核的匹配电量 $Q_{匹配}$ 之和，匹配电量 $Q_{匹配}$ 的成交价差等于匹配价差 $P_{匹配}$，即不同匹配电量的价差不同。各市场主体的实际成交价格计算方法如下：

3.3.6.1 对于本省发电企业，成交电量的实际成交价 $P_{发电竞价交易}$ 为对应的匹配价差 $P_{匹配}$ 与燃煤发电基准价或政府批复上网电价 $P_{燃煤发电基准价/政府批复上网电价}$ 之和，公式为

$$P_{发电竞价交易} = P_{匹配} + P_{燃煤发电基准价/政府批复上网电价}$$

3.3.6.2 对于电力用户，成交电量的实际成交价（用户购电

价格）$P_{用电竞价交易}$为对应的匹配价差$P_{匹配}$、燃煤发电基准价$P_{燃煤发电基准价}$、输配电价$P_{输配电价}$、政府性基金与附加$P_{基金与附加}$、其他（辅助服务费用、新增损益）$P_{其他}$之和，公式为

$$P_{用电竞价交易} = P_{匹配} + P_{燃煤发电基准价} + P_{输配电价} + P_{基金与附加} + P_{其他}$$

3.4 定价方式挂牌交易出清算法

3.4.1 对于定价方式挂牌交易，电力交易平台发布用电需求电量（或发电可供电量）、价差等信息，符合资格要求的另一方市场主体通过竞争获得电量，交易价差为固定的价差值。因此，市场主体参与定价方式挂牌交易时不需要申报电价（价差），仅需要申报电量。

【解读】电力市场挂牌交易指市场交易主体通过电力交易平台，将需求电量或可供电量的数量和价格等信息对外发布要约，由符合资格要求的另一方提出接受该要约的申请，经安全校核和相关方确认后形成交易结果。定价方式挂牌交易出清算法见图3-4。

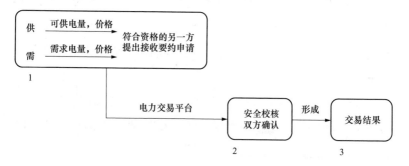

原则：同一周期内提交的交易按比例原则分配，不同时期内提交的交易按时间优先原则成交。

图3-4　定价方式挂牌交易出清算法

3.4.2 定价方式挂牌交易的出清计算原则上采用"时间优先、环保优先"的方法；也可以采用按申报电量比例分配挂牌电量的出清方法。对于定价方式挂牌交易，挂牌电量、挂牌电价、出清方式由安排挂牌交易的政府部门或提出挂牌交易申请的市场主体确定，电力交易机构在市场交易公告中发布相关内容。

【**解读**】定价方式挂牌可采用两种方式出清，一是"时间优先、环保优先"。二是按摘牌方申报电量比例分配电量，例如：挂牌电量为 100 万 kWh，A、B、C 三家摘牌，A 的申报摘牌电量是100 万 kWh，B 的申报摘牌电量是 60 万 kWh，C 的申报摘牌电量是 40 万 kWh，则 A、B、C 的无约束成交电量分别为 50、30、20万 kWh。

3.4.3 "时间优先、环保优先"方法的计算过程如下：

3.4.3.1 对于发电企业参与的交易，首先按照最终申报时间的先后顺序对申报电量进行排序；如果申报时间相同，按照"可再生能源优先，节能环保优先"的原则排序；当以上条件均相同时，暂将多个申报电量合并；由此形成申报电量队列。在成交结果出来后，对于合并计算的申报电量，根据申报电量比例将成交电量分配给发电企业。

3.4.3.2 对于电力用户和售电公司参与的交易，首先按照最终申报时间的先后顺序对申报电量进行排序，当申报时间相同时暂将多个申报电量合并，由此形成申报电量队列。在成交结果出来后，对于合并计算的申报电量，根据申报电量比例将成交电量分配给电力用户和售电公司。

3.4.3.3 依次按顺序从申报电量队列中取得电量数据，并相应增加预成交电量队列数据。当预成交电量之和等于电力交易平台发布的挂牌交易需求电量（或发电可供电量、辅助服务），或者申报电量队列中的数据全部取完时，则结束出清计算，电力交易平台关闭摘牌申报。

3.4.3.4 根据各市场主体的预成交电量形成无约束交易结果，并提交电力调度机构进行安全校核。

3.4.3.5 经过安全校核后，确定各市场主体的成交电量及其实际成交价格差，其中，实际成交价格根据挂牌价差、燃煤发电基准价或电厂的政府批复上网电价（基数电量电价）、用户的购电基准价等进行折算。各市场主体的成交电量等于通过安全校核的匹配电量 $Q_{匹配}$ 之和，匹配电量 $Q_{匹配}$ 的成交价差等于匹配价差 $P_{匹配}$，即不同匹配电量的价差不同。

（1）对于本省发电企业，定价挂牌交易电量的实际成交价为对应的匹配价差与燃煤发电基准价或政府批复上网电价之和，公式为

$$P_{发电挂牌交易} = P_{匹配} + P_{燃煤发电基准价/政府批复上网电价}$$

（2）对于电力用户，定价挂牌交易电量的实际成交价（用户购电价格）为对应的匹配价差、燃煤发电基准价、输配电价、政府性基金与附加、其他（辅助服务费用、新增损益）之和，公式为

$$P_{用电挂牌交易} = P_{匹配} + P_{燃煤发电基准价} + P_{输配电价} + P_{基金与附加} + P_{其他}$$

3.5 竞价方式挂牌交易出清算法

对于竞价方式挂牌交易（也称为单边集中竞价交易），电力交易平台发布用电需求电量（或发电可供电量、辅助服务）、价差上

限或下限等信息，符合资格要求的另一方市场主体申报电量和电价（价差），购买方通过竞争获得电量（或其他辅助服务）。竞价方式挂牌交易可以选择按统一价差出清或按申报价差出清，挂牌电量、挂牌限价、出清方式由提出挂牌交易安排的政府部门或提出挂牌交易申请的市场主体确定，电力交易机构在市场交易公告中发布上述相关内容。

3.5.1 统一价差出清

3.5.1.1 出清计算以"价差优先、时间优先、环保优先"为原则。

3.5.1.2 对于发电企业参与的交易，按照申报价差由低到高的顺序对申报电量排序，价差相同时按照最终申报时间早者优先的原则排序，价差、时间均相同时按照"可再生能源优先，节能环保优先"的原则排序；当以上条件均相同时，暂将多个申报电量合并，由此形成价差单调递增的售方申报电量队列。在成交结果出来后，对于不同发电企业的合并申报电量，根据申报电量比例将成交电量分配给不同发电企业。

【解读】对售方发电企业参与的交易，根据价差优先、时间优先、环保优先原则，首先按照售电申报价差由低到高的顺序进行排序，价差相同时再按照申报时间先后进行排序，价差、时间均相同时按照"可再生能源优先，节能环保优先"的原则排序，比如风、光等电源优先顺序高于火电；若价差、时间、环保等条件均相同，将售方多个申报电量合并，在成交结果出来后，对于不同发电企业的成交电量，按照各发电企业申报电量占总合并申报电量的比例进行分配。

3.5.1.3 对于电力用户、售电公司参与的交易，按照申报价差由高到低的顺序对申报电量进行排序，价差相同时按照最终申报时间早者优先的原则排序，价差、时间均相同时暂将多个申报电量合并，由此形成价差单调递减的购方申报电量队列。在成交结果出来后，对于价差、时间均相同的合并申报电量，根据申报电量比例将成交电量分配给电力用户和售电公司。

【解读】对购方（用电侧）参与的交易，根据价差优先、时间优先原则，首先按照购电申报价差由高到低的顺序进行排序，价差相同时再按照申报时间由早到晚进行排序，价差、时间均相同时将购方多个申报电量合并，在成交结果出来后，对于不同发电企业的成交电量，按照各发电企业申报电量占总合并申报电量的比例进行分配。

3.5.1.4 依次按顺序从申报电量队列中取电量数据，并相应增加预成交电量队列数据。当预成交电量合计等于电力交易平台发布的挂牌交易需求电量（或发电可供电量、辅助服务），或者申报电量队列中的数据全部取完时，结束出清计算。

【解读】竞价方式挂牌交易由于需要事先在交易平台发布需求电量，申报电量出清以需求电量为边界条件，按排序从申报电量队列中取数据时可能出现两种情形：一种是平台中发布的需求电量大于申报电量，则依次按顺序直至申报电量取数完毕；一种是平台中发布的需求电量小于申报电量，依次按顺序取数直至满足平台发布的需求电量。具体如下：

【例 3.5-1】若电力交易平台发布对发电企业的挂牌交易，需求电量为 350MWh，价差范围为 -10～-15 元/MWh，发电企业申报排序情况见表 3-3，需求电量小于发电申报电量，根据排序依次取电量数据，最后取电量数据为风电企业 5 电量 20MWh。若

电力交易平台发布挂牌交易需求电量为 500MWh，范围为-15～
-10 元/MWh，需求电量大于发电申报电量，申报电量全部取完。

表 3-3   发电企业申报排序情况

交易单元名称	申报时间	电价（元/MWh）	电量（MWh）
火电企业 1	10:00	-15.03	150
火电企业 3	10:10	-15.03	80
火电企业 2	10:00	-14.28	100
风电企业 5	10:10	-13.02	45
火电企业 4	10:10	-13.02	70

3.5.1.5 根据各市场主体的预成交电量形成无约束成交结果，并提交电力调度机构进行安全校核。

3.5.1.6 经过安全校核后，确定各市场主体的成交电量及市场出清价差，市场出清价差等于最后一个进入成交电量队列的报价（价差），所有成交电量均按照统一出清价差结算。

【解读】竞价方式挂牌交易在统一出清时，根据最后一个进入成交电量队列的报价（价差），来确定市场出清价。具体如下：

【例 3.5-2】按［例 3.5-1］的发电企业申报数据，若电力交易平台发布挂牌交易需求电量为 300MWh，最后进入成交电量队列价差为火电企业 4 申报价差-14.28 元/MWh，所有成交电量均按照统一出清价差-14.28 元/MWh 结算，若电力交易平台发布挂牌交易需求电量为 500MWh，最后进入成交电量队列价差为火电企业 4 申报价差-13.02 元/MWh，所有成交电量均按照统一出清价差-13.02 元/MWh 结算。

3.5.1.7 计算各市场的实际成交价格，实际成交价格根据统一出清价差、燃煤发电基准价或政府批复上网电价、用户按燃煤发电基准价进行折算。

经过安全校核后，确定各市场主体的成交电量及其实际成交价差。各市场主体的成交电量等于通过安全校核的匹配电量 $Q_{匹配}$ 之和，匹配电量 $Q_{匹配}$ 的成交价差等于匹配价差 $P_{匹配}$，即不同匹配电量的价差不同。

（1）对于本省发电企业，竞价挂牌交易电量的实际成交价为对应的匹配价差 $P_{匹配}$ 与燃煤发电基准价或政府批复上网电价之和，公式为

$$P_{发电挂牌交易} = P_{匹配} + P_{燃煤发电基准价/政府批复上网电价}$$

【解读】湖南省采用价差模式，售电方在交易报价时以燃煤发电基准价/政府批复上网电价为标杆价，申报与标杆价的差值，则实际成交价为对应的匹配价差与政府核定上网电价之和。具体见【例3.5-3】。

【例3.5-3】按［例3.5-1］的数据，电力交易平台发布挂牌交易需求电量为500MWh，若全部通过安全校核，有

$$P_{发电挂牌交易} = P_{匹配} + P_{燃煤发电基准价/政府批复上网电价}$$

$$= -0.01302 + 0.45 = 0.43698元/kWh$$

（2）对于电力用户，竞价挂牌交易电量的实际成交价（用户购电价格）为对应的匹配价差 $P_{匹配}$、燃煤发电基准价、输配电价、政府性基金与附加、其他（辅助服务费用、新增损益）之和，公式为

$$P_{用电挂牌交易} = P_{匹配} + P_{燃煤发电基准价} + P_{输配电价} + P_{基金与附加} + P_{其他}$$

【解读】电力用户价格由发电交易价格、输配电价、政府性基金与附加以及其他费用构成。具体见【例3.5-4】。

【例 3.5-4】按［例 3.5-1］的数据，电力交易平台发布挂牌交易需求电量为 500MWh，以 220kV 大工业用户为例：

$$P_{用电挂牌交易} = P_{匹配} + P_{燃煤发电基准价} + P_{输配电价} + P_{基金与附加} + P_{其他}$$

$$= -0.01302 + 0.45 + 0.1153 + 0.0463$$

$$= 0.59858元 / kWh$$

3.5.2 申报价差出清

3.5.2.1 出清计算以"价差优先、时间优先、环保优先"为原则。

3.5.2.2 对于发电企业参与的交易，按照报价（价差）由低到高的顺序对申报电量进行排序，价差相同时按照最终申报时间早者优先的原则进行排序，价差、时间均相同时按照"可再生能源优先，节能环保优先"的原则排序；当以上条件均相同时，暂将多个申报电量合并，由此形成价差单调递增的售方申报电量队列。在成交结果出来后，对于不同发电企业的合并申报电量，根据申报电量比例将成交电量分配给不同发电企业。

【**解读**】对于发电企业参与的交易，竞价方式挂牌交易申报电量排序原则与统一出清方式申报电量排序原则相同。

3.5.2.3 对于电力用户、售电公司参与的交易，按照报价（价差）由高到低的顺序对申报电量进行排序，价差相同时按照最终申报时间早者优先的原则排序，价差、时间均相同时暂将多个申报电量合并，由此形成价差单调递减的购方申报电量队列。在成交结果出来后，对于价差、时间均相同的合并申报电量，根据申报电量比例将成交电量分配给电力用户和售电公司。

【**解读**】对于电力用户、售电公司参与的交易，竞价方式挂牌交易申报价差出清申报电量排序原则与统一出清方式申报电量排序原则相同。

3.5.2.4 依次按顺序从申报电量队列中取得电量数据，并相应增加预成交电量队列数据。当预成交电量合计等于电力交易平台发布的挂牌交易需求电量（或发电可供电量、辅助服务），或者申报电量队列中的数据全部取完，则结束出清计算。

【解读】 竞价方式挂牌交易的价差申报取数的条件与定价方式挂牌交易一致，同样分平台中发布的用电需求电量大于申报电量和小于申报电量两种情况。

3.5.2.5 根据各市场主体的预成交电量形成无约束交易结果，并提交电力调度机构进行安全校核。

3.5.2.6 经过安全校核后，确定各市场主体的成交电量及成交价差，市场主体的成交价差等于各自的申报价差。实际成交价格根据挂牌价差、燃煤发电基准价或政府批复上网电价、用户按燃煤发电基准价进行折算。

说明：按申报价格出清方式，因各市场主体的申报价格不同，最终的成交价格也不同，并按成交价格结算。

【解读】 竞价方式挂牌交易的市场出清价是根据市场主体各自的申报价差确定的。具体见**【例3.5-5】**。

【例3.5-5】 按［例3.5-1］的数据，若电力交易平台发布挂牌交易需求电量为350MWh，最后进入成交电量队列为风电企业5，市场主体的成交电量和成交价差分别为火电企业1成交电量150MWh，成交价差为–15.03元/MWh；火电企业3成交电量80MWh，成交价差为–15.03元/MWh；火电企业2成交电量100MWh，成交价差为–14.28元/MWh；风电企业5成交电量20MWh，成交价差为–13.02元/MWh。若电力交易平台发布挂牌交易需求电量为500MWh，最后进入成交电量队列为火电企业 4，市场主体的成交电量和成交价差分别为火电企业 1 成交电量 150MWh、成交价差–15.03 元/MWh；火电企业 3 成交电量 80MWh，成交价差为–15.03 元/MWh；火电企业 2 成交电量 100MWh，成交价差为–14.28 元/MWh；风电企业 5 成交电量 45MWh，成交价差为–13.02 元/MWh；火电企业 2 成交电量 70MWh，成交价差为–13.02 元/MWh。不同需求电量下发电企业成交价差和成交电量情况见表 3-4。

表 3-4　不同需求电量下发电企业成交价差和成交电量情况

成交单元名称	交易需求电量为 350MWh		交易需求电量为 500MWh	
	成交价差（元/MWh）	成交电量（MWh）	成交价差（元/MWh）	成交电量（MWh）
火电企业 1	–15.03	150	–15.03	150
火电企业 3	–15.03	80	–15.03	80
火电企业 2	–14.28	100	–14.28	100
风电企业 5	–13.02	20	–13.02	45
火电企业 4	0	0	–13.02	70

4 批发市场交易组织

本章主要包括湖南电力中长期交易批发市场的交易标的、执行周期、交易方式分类及其交易组织、安全校核要求等内容。

4.1 概述

4.1.1 电力中长期交易现阶段主要开展电量交易，灵活开展合同转让交易、应急交易等其他交易。根据市场发展需要开展可再生能源超额消纳量、输电权、容量等交易。其中：

（1）电量交易是指发电企业与电力用户、售电公司、代理购电电网企业通过双边协商、集中竞价、挂牌等方式达成的电力电量、电价的购售电交易。

（2）合同转让交易是指已注册的发电企业、电力用户和售电公司将其持有全部或部分交易合同电量，通过市场化方式转让给其他市场主体的交易。

（3）应急交易是指在发生或即将发生弃风、弃水、弃光紧急情况下，通过临时交易向省外售出电量，有效提高省内可再生能源消纳能力的交易。

4.1.2 根据交易标的物执行周期不同，中长期电量交易包括年度（多年或 6 个月及以上）电量交易（以某个或者多个年度的电量作为交易标的物，并分解到月）、月度电量交易（以某个月度的电量作为交易标的物)、月内(多日)电量交易(以月内剩余天数的电量或者特定天数的电量作为交易标的物)等针对不同交割周期的电量交易。组织年度、月度、月内(多日)交易时均应开展分时段交易,交易时段划分执行湖南省政府部门相关峰谷分时电价政策。

4.1.3 年度交易和月度交易均可以根据实际需要选择双边协商、集中竞价、挂牌招标等交易方式中的几种或任意一种。交易方式及其相应交易规模和时序安排可以根据实际情况合理调整,具体由电力交易机构在交易公告中予以明确。

【**解读**】双边协商交易需要购售双方直接联系,自主协商,达成协议。交易较为灵活、自主,双方在量、价、时段(曲线)等交易细节方面更加精确,充分体现双方的意愿,但是双方需要建立良好的沟通渠道,且协商过程可能较为复杂,时间较长。特别是对于市场主体中存在关联企业时,易对市场的竞争性和公平性产生不利影响。集中交易购售双方无直接联系,通过交易平台进行,当购售双方数量达到一定规模时,更能体现市场价格信号,但是交易标的相对固定。因此可以根据实际情况进行组合,在保证市场公平性和竞争性的前提下,满足不同市场主体的需求。

4.1.4 年度交易应明确分月电量安排。年度交易电量占全年市场用户购电量预测值的比例可由电力交易机构根据实际情况适度控制。对于双边协商交易形成的合同,在合同双方协商一致的情况下,允许在保持年度合同总量不变的情况下,逐月调整下一月及后续月份的分月电量安排,并以修改后的分月电量编制交易执行计划,进行电量电费结算;对于集中交易形成的合同,不能修改分月电量。

4.1.5 月内（多日）交易：除定期开市以外，出现下列情形之一时，经湖南能源监管办、省发展改革委、省能源局批准，可不定期组织开展月内交易：

（1）供需两侧市场主体主动申请。

（2）丰水期等特殊时期确需扩大可再生能源消纳能力。

（3）所有市场用户月中某日用电量累计总量与当月购电量总量之比，超过月中某日在全月日历天数之比的10%时，可在当月26日前开展月内交易。计量等相关支持系统未实现全覆盖时，可选择具备条件的市场用户进行分析比对。

（4）湖南能源监管办、省发展改革委、省能源局认为应当组织月内交易的其他情形。

【**解读**】中长期市场开展连续运营后，月内（多日）交易将按连续运营方案转为常态化交易方式。

4.1.6 电力交易机构按照《湖南省电力中长期交易规则（2022年修订版）》和《湖南省电力中长期交易实施细则（2022版）》的规定，结合市场主体的电力交易需求，定期组织开展电力批发交易、跨省跨区交易、合同电量转让交易，适时组织应急交易等其他交易。

4.1.7 批发市场交易的组织流程执行《湖南省电力中长期交易规则（2022年修订版）》第六十条规定。电力交易机构应结合电力市场运营情况编制、发布市场交易公告，市场交易公告作为当次交易合同的重要组成部分。

4.1.8 电网企业、具备条件的地方电网企业及拥有配电网经营权的配售电企业代理购电执行《湖南省电力中长期交易规则（2022年修订版）》第六十三条规定。

4.1.9 市场主体按照交易公告规定的方式，向电力交易机构申报交易意向，基本要求如下：

4.1.9.1 申报电量的单位为兆瓦时（千千瓦时），不保留小数；申报电力的单位为兆瓦（千千瓦），不保留小数；申报价格的单位为元/兆瓦时，保留两位小数。

4.1.9.2 电力批发交易中，双边协商、集中竞价、挂牌交易的申报均采用价差申报方式。卖方发电企业申报相对燃煤发电基准价的价差，买方申报相对燃煤发电基准价的价差，电价上浮为正，电价下浮为负。集中竞价、挂牌交易的价格申报范围在交易公告中明确。

4.1.10 组织集中竞价交易的基本要求执行《湖南省电力中长期交易规则（2022 年修订版）》第六十一条规定。

4.1.11 组织挂牌交易的基本要求执行《湖南省电力中长期交易规则（2022 年修订版）》第六十二条规定。

4.1.12 年度、月度交易组织的基本时序安排执行《湖南省电力中长期交易规则（2022 年修订版）》第六十四条至六十七规定。

4.1.13 年度双边交易、年度集中竞价交易、月度双边交易、月度集中竞价交易、月度挂牌交易、月度（多日）交易、月内短期交易组织的基本流程和要求执行《湖南省电力中长期交易规则（2022 年修订版）》第六十九条至一百零二条规定。

4.1.14 为促进可再生能源优先消纳，优先组织可再生能源参与交易，丰水期暂定为每年 4、5、6、10 月份。

4.1.15 发电企业按规定以增项方式取得售电营业资格并完成售电注册手续后，可作为合格市场主体参与交易，但在集中竞价交易中只能以发电或售电一种市场主体身份参与交易。

【解读】以增项方式取得售电营业资格并完成售电注册手续后的发电企业在参与集中竞价前，必须向交易机构明确参与的身份。

4.2　应急交易组织

4.2.1　应急交易适用于湖南电网水电、风电、光伏企业在省内发电空间不足，发生弃水、弃风、弃光或可能弃水、弃风、弃光时，为减少弃水、弃风、弃光，在有限的时间内通过市场机制向省外市场售出电量的短期减弃增发应急交易。

4.2.2　应急交易根据湖南电网实际情况适时组织，交易方案另行制定。

【解读】随着省间现货市场和省间辅助服务市场的建设和完善，应急交易逐渐减少。一般在省间现货市场交易和省间辅助服务市场交易无法满足省内电网安全或电力电量平衡要求时启动。

4.3　合同转让交易组织

4.3.1　拥有批发交易（含批发市场电力用户交易）合同、跨省跨区电能交易合同的发电企业，以及拥有批发交易（含批发市场电力用户交易）合同、跨省跨区电能交易合同的电力用户和售电公司可作为出让方或者受让方，以全部或部分电量或发电权为标的参与合同转让交易。

4.3.2　交易中心在月内定期或不定期发布电网运行相关预测信息，市场主体可根据发用电预测情况和形势变化，结合自身需求，开展合同交易。在清洁能源发电形势、电力供需形势、电网安全约束条件等出现较大变化时，可根据市场主体需求临时开展分时段合同交易。

4.3.3 合同交易方式采用双边、挂牌等方式；合同交易标的以月度合同市场和后续月度各时段电量为标的物，月内合同市场以当月各时段电量未执行部分为标的物，市场主体可自主选择单个时段的部分电量开展交易。

4.3.4 发电企业合同转让交易标的为市场交易合同电量。

4.3.5 出让方、受让方、出让价格、受让价格定义：

出让方：指在合同转让市场卖出合同电量的发电企业、用户或售电公司。

受让方：指在合同转让市场买入合同电量的发电企业、用户或售电公司。

出让价格：指出让方收取的替代发电补偿价格或者收取的替代用电补偿价格。

受让价格：指受让方支付的替代发电补偿价格或者支付的替代用电补偿价格。

4.3.6 在分时段电能量形成合同基础上，在月前、月内常态化开展分时段合同交易，为市场主体调整合同提供灵活手段。对于月前转让交易，原则上每月 23 日前完成次月及以后合同转让交易；对于月内分时段合同交易，当月倒数第二个工作日前完成当月合同转让交易。

4.3.7 合同转让交易应符合以下要求：

4.3.7.1 受让方应符合市场准入条件并按规定获得市场准入资格。

4.3.7.2 经审查，受让方确实具有真实的受让需求和直接受让能力，防止买空卖空。电力交易机构发现市场主体通过合同转让交易不当获利时，报经湖南能源监管办批准后，可以调整合同转让电量直至取消合同转让交易。

4.3.7.3 受让电量暂不允许再次转让；同一个交易周期，发生转让的发电企业不能再受让，也不能再将后续月度电量迁移调整到本月。在电力交易机构判定异常情况下，可以对转让的企业参与月度交易（转出电量的相应月度）给予一定形式的限制。

4.3.7.4 发电企业之间合同转让交易应符合节能减排原则。

【解读】可再生能源合同电量不得向化石能源发电企业转让；大容量燃煤机组的合同电量不得向小容量燃煤机组转让，因电网受阻或其他不可抗力原因无法完成合同电量时，可根据实际情况在不同容量燃煤机组之间开展合同转让交易。

4.3.7.5 电网安全约束机组合同电量、热电联产机组"以热定电"电量、余热余压余气机组优先发电电量等特殊属性的电量原则上不得转让。

4.3.7.6 市场化发电企业（包括可再生能源发电企业）之间可在月内开展当月合同转让交易；可再生能源发电企业合同转让仅限于市场合同电量；可再生能源合同电量不能向化石能源发电企业转让；当市场交易申报价差范围不一致时，化石能源发电企业合同不得向可再生能源发电企业转让；转让电量占出让方当月市场合同电量的比重应适度设定上限（根据实际情况在交易公告中进一步明确）；当月交易计划不能完成的市场化发电企业不允许受让合同电量。

4.3.7.7 批发市场电力用户之间、售电公司之间以及售电公司与批发市场电力用户之间可在月内开展当月市场合同转让交易；转让电量占出让方当月分时段购电量的比重原则上不超过20%。

4.3.7.8 合同转让以 1MWh 为最小单位，转受让的合同电量自转、受让的次日起从出让方当月月度合同电量中扣减并计入受让方当月月度交易电量，电力交易机构将转、受让方的交易结果即时交电力调度机构执行。

4.3.7.9 受让方应一并受让交易合同附有的电力曲线、交易电量月度分解比例等其他条件。

4.3.7.10 合同转让交易的出让价格或受让价格，不能影响出让方原有合同的价格和结算，不能影响原有合同中其他方的利益。

4.3.7.11 合同转让交易出让费、受让费的结算暂由转受让双方自行负责，以依法合理利用税务政策为原则。

4.3.7.12 合同转让交易必须通过电力调度机构的安全校核。已有电量在全月平均负荷率高达80%或安全运行限额（由电力调度机构按规程计算确定）的电厂，原则上不得受让；负荷中心火电企业的电量原则上不得转让。合同转让交易主要采用双边协商和挂牌交易两种方式，出让方与受让方按照前述交易规则参加年度、月度的双边与挂牌交易。挂牌交易通过湖南电力市场交易平台集中开展；双边协商由出让方、受让方线下商定，通过电力交易平台申报。

4.3.8 对于双边协商方式的合同转让交易，在双边协商交易申报时间范围内，出让方与受让方可事先签订转受让合同，但必须通过电力交易平台正式申报，明确原合同名称与编号、拟转让的电量、转让价格等信息，由出让方录入系统，受让方确认信息。

4.3.9 对于挂牌方式的合同转让交易，出让方通过电力交易平台在规定时间内向电力交易机构提出合同转让挂牌申请，明确原合同名称与编号、拟转让的电量、出让价格等信息，电力交易机构在收到申请的 2 个工作日内作出明确答复。

4.3.10 拟出让的双边协商合同电量不能超过月度双边协商交易电量。

4.3.11 挂牌交易总体按照时间优先原则成交，同一次交易中，如果时间维度无法区分则按摘牌方申报电量等比例分摊成交。

4.3.12 成交的合同转让交易通过安全校核后，作为结算和计划制订的依据。

【解读】湖南省内电力市场合同转让交易一般为月前合同转让和月内转让。其中，月前合同转让交易标的为交易日次月的各时段合同电量，在交易日次月月度直接交易开展前完成；月内合同电量转让交易标的为当月各时段合同电量，在结算例日前三个工作日完成。

4.4 安全校核

4.4.1 电力调度机构负责各种交易的安全校核、执行工作，确保电力系统安全稳定运行。

4.4.2 安全校核工作执行《湖南省电力中长期交易规则（2022年修订版）》第一百零七条至一百一十一条规定。电力调度机构以年、月为周期进行全电量交易安全校核，同一周期内（年度或月度）不同交易方式形成的交易结果必须同时进行安全校核。校核不通过时，按照组织时间顺序逆序调整；安全校核通过后，形成正式交易结果并公布。年度交易的安全校核时间原则上在 5 个工作日内，月度交易的安全校核时间原则上在 2 个工作日内。

4.4.3 发生安全校核不通过、交易电量被核减时，可在月度交易完成后 5 个工作日内对削减电量开展月内交易，具体以交易公告为准。交易公告须发布各发电企业的月度剩余发电空间，用户（售电公司）通过月内交易购电；对于月内交易仍未达成的用电需求，按照上调机组调用排序，发电企业增加的发电量实现发用平衡。

【解读】对于集中交易，可按照价格优先的原则进行削减，价格相同时按提交时间优先的原则进行削减，提交时间相同时按发电侧节能环保的优先级进行消减。安全校核应在规定的时限内完成。安全校核未通过时，电力调度机构需出具书面解释，由电力交易机构予以公布。

⑤ 批发市场合同管理

本章主要包括湖南电力中长期交易批发市场的不同交易期限、交易标的的合同类型，以及合同签订，合同变更与调整，合同解除管理要求等内容。

5.1 概述

5.1.1 按照交易期限，交易合同可以分为多年交易合同、年度交易合同、季度交易合同、月度交易合同和月内（多日）交易合同等。

【**解读**】电力市场合同是电力市场主体之间就电量购售等事宜签订的合同，包括合同基本要素、交易标的物、交割方式等。电力市场中各式各样的合同对于市场主体规避风险、促进交易的灵活性和多样性具有重要作用。

电力市场中的合同交易是各市场主体通过签订电子合同，再按照合同约定执行相关电量交易。根据国家发展改革委和国家能源局联合印发的《关于印发〈电力中长期交易基本规则〉的通知》（发改能源规〔2020〕889号）规定，电力交易机构负责各类交易合同的汇总管理。各市场成员应根据交易结果或者政府下达的计划电量，参照合同示范文本签订购售电合同，并在规定的时间内提交至电力交易机构。

合同的基本要素有:

(1)当事人。签订合同的法律主体,如发电厂、售电公司、电力用户等。

(2)合同的具体内容。主要包括交易对象和交易标的物。在电力市场中,交易的标的物可分为物理产品和金融产品两大类。物理产品包括电能量和输电权两大类,是能够以具体的实物进行交割的,比如月度中长期交易的交易标的可以是一个月内的总电量。

(3)合同签订方式。双边协商交易、集中竞价交易采用电子合同方式签订,网厂间购售电合同目前仍采用合同书形式签订。

(4)合同的有效期。确定电量交易时间,约定合同有效时间。

(5)合同的交割方式。合同的交割方式有两种,即物理交割和金融交割。

5.1.2 批发市场合同原则上应采用电子合同签订,电力交易平台应满足国家电子合同有关规定的技术要求,市场成员应依法使用可靠的电子签名,电子合同与纸质合同具备同等效力。

市场主体参与批发市场交易的入市承诺书和所有批发市场合同均应通过电力交易平台形成电子合同。在电力交易平台提交、确认的双边协商交易以及参与集中交易、挂牌交易产生的分时段交易结果,各相关市场成员可将市场主体的入市承诺书和电力交易机构出具的电子交易确认单(视为电子合同)作为执行依据,可不再另外签订有关合同。

【解读】经电力交易平台提交、确认并通过安全校核的交易结果,一经发布,合同即为成立,无须交易各方另行签订合同。

5.1.3 对于通过电力交易平台形成的入市协议书和批发市场

交易合同，可以从电力交易平台中查询、导出。

5.2 合同类型

5.2.1 合同类型包括厂网间购售电合同、电能交易合同、电量转让合同和输配电合同等。其中，电能交易合同指的是湖南省电力批发交易合同。

5.2.2 厂网间购售电合同是指发电企业与电网企业根据省政府电力主管部门下达的年度优先计划电量签订的购售电合同。合同中应包括但不限于以下内容：双方的权利和义务、分月优先发电电量、上网电价、并网点和计量点信息以及违约责任等。厂网间购售电合同签订后应提交电力交易机构，作为优先计划电量结算依据。

5.2.3 电能交易合同依据交易组织结果进行签订，内容包括交易主体、交易时间、分时段交易电量、分时段交易价格、合同争议解决、合同调整和违约、合同特别约定等。其中，多年交易合同中，分时段交易电量、分时段交易价格须分年明确；年度交易合同中，分时段交易电量、分时段交易价格须分月明确。

5.2.4 电量转让合同是合同转让交易的出让方和受让方依据合同转让交易的结果签订的，合同内容应包括交易主体、交易时间、分时段交易电量、分时段交易价格、合同争议解决、合同调整和违约、合同特别约定等。输配电合同为电网企业承担电力交易输配电责任、与各类市场主体之间的三方合同。原则上，各类无约束交易结果通过电力调度机构的安全校核，形成有约束交易结果，视为电子化输配电合同的构成要素，输配电合同与各类交易合同同步形成。

【解读】厂网间购售电合同的交易标的物是年度优先计划电量。

电量交易合同是指符合准入条件的发电企业与电力用户（售电公司）经双边协商、集中竞价、挂牌等方式，在电力交易平台达成电力电量、电价的购售交易，并形成合同。

零售市场合同是指在电力零售市场中，零售用户与售电公司通过平等协商建立购售电关系后所签订的合同，又称双边协商零售交易合同。

5.3 合同签订

5.3.1 双边协商交易的最终结果发布后，由电力交易平台自动生成电子化的交易合同。

5.3.2 集中竞价、挂牌交易的最终结果发布后，由电力交易平台自动生成电子化的交易合同，无须相关市场主体确认。

【解读】合同签订形式。双边协商交易、集中竞价交易均需通过交易平台申报，电力交易平台自动生成三方的电子交易合同，市场主体在交易平台确认即可。本企业的交易代码、交易时间、交易密码及数字证书被视为本企业的电子签名。本企业登录电力交易平台，输入交易指令并达成交易即视为本企业签署电子交易合同，电子交易合同如同书面合同一样有效。网厂间购售电合同目前仍采用纸质合同形式签订。

合同签订时间：厂网间年度购售电合同应按照多年或年度合同方式签订，双边协商交易、集中竞价、挂牌交易可按照年度、月度、月内合同方式签订。

合同签订流程：对于双边协商合同，签订流程依次为购售双方协商、达成交易意向、通过电力交易平台提交、电力调度机构安全校核、交易结果发布、签订电子合同。对于集中竞价交易，签订流程依次为购售双方申报交易意向、电力交易平台撮合、电力调度机构安全校核、交易结果发布、签订电子合同。

为更好发挥电力中长期交易"压舱石"作用，保障电力市场高效有序运行，2020年9月，国家发展改革委提出了"六签"工作要求，即"全签、长签、见签、分时段签、规范签、电子签"。"全签"是指保障足量签约，年度以上中长期合同力争签约电量不低于全年用电量平均值的80%，通过月度合同签订保障合同签约电量比例不低于90%。未参与市场的经营性电力用户、优先发电企业也需参照中长期合同签约的相关要求，由电网企业与用户或发电企业签订合同。"长签"是指签订一年期以上长期交易合同。各地可结合市场规则，对一年期以上长期交易合同予以优先安排、优先组织落实、优先执行。"见签"是指引入信用机构见签电力中长期交易合同。各地明确公共信用信息中心，通过电力交易机构的电力交易平台见签电力中长期交易合同，由电力交易机构提供其见签合同的相关信息，并归集至全国信用信息共享平台。"分时段签"是指市场主体分时段约定电量电价，签订电力中长期合同。起步阶段，对时段划分数量不做强制要求，区分为峰、平、谷段签订即可，也可以分成六段到十段。随着市场机制的不断完善，逐步细化时段划分，有条件的地区可考虑季节性差异，将一年各月划分为高峰月、平段月和低谷月。"规范签"是指参照电力中长期交易合同示范文本签订中长期合同。"电子签"是指市场主体利用交易平台签订要素齐全的电子合同，推进电力中长期合同签订平台化、电子化运转。

5.4 合同变更与调整

5.4.1 对于双边协商方式形成的年度电能交易合同，经交易双方协商一致，可以在保持同一时段合同总量不变的前提下，向电力交易机构提出次月及后续月份的同一时段分月电量调整申请，经电力交易机构审核、电力调度机构安全校核后，作为编制月度交易执行计划和结算的依据。流程如下：

5.4.1.1 原则上每月 23 日前，由发电企业通过电力交易平台向电力交易机构提出年度合同次月及后续月份电量变更申请（申请内容包括调整的合同名称及编号、次月及以后各月的分时段合同电量调整值、调整原因等），并由购电方确认。合同变更与调整的具体申报时间可由电力交易机构在市场交易公告中明确。

5.4.1.2 电力交易机构审核。若审核不通过，则通过电力交易平台退回申请并提供退回理由。

5.4.1.3 经过电力交易机构审核后，合同变更信息由电力调度机构进行安全校核。若安全校核不通过，则通过电力交易平台退回申请并提供退回理由。

5.4.1.4 电力调度机构安全校核通过后，原合同下月起终止执行，变更后的合同下月起自动生效，并作为编制月度交易计划和电量结算的依据。

5.4.2 集中竞价、挂牌交易签订的交易合同不能进行合同变更。厂网间购售电合同电量根据政府主管部门下达的计划以及电力交易机构制订的月度交易计划进行调整。

【解读】购售电合同的任何修改、补充或变更必须以书面形式进行，双方法定代表人或授权代理人签字盖章后方为生效。根据国家发展改革委、国家能源局关于印发《〈电力中长期交易基本规则〉的通知》（发改能源规〔2020〕889号）的规定，在年度合同的执行周期内，次月交易开始前，在购售双方一致同意且不影响其他市场主体交易合同执行的基础上，允许通过电力交易平台调整后续各月的合同分月计划（合同总量保持不变），调整后的分月计划需通过电力调度机构进行安全校核。双边协商方式形成的年度电能交易合同可以进行合同变更，集中竞价、挂牌交易签订的交易合同不能进行合同变更。在进行变更和调整发生争议时，市场成员可自行协商解决，协商无法达成一致时可提交电力主管部门和监管部门、电力市场管理委员会调解处理，也可提交仲裁委员会仲裁或者向人民法院提起诉讼。

5.5 合同解除

5.5.1 根据国家法律法规的规定，交易合同需要解除的，按相关规定执行。

5.5.2 交易各方协商一致，可以解除合同。合同解除，须按照原交易合同形式，签订解除协议。其中，售电公司与其签约用户协议解除购售电签约关系后，售电公司及其签约用户与电网企业（含配售电公司）在电费结清后解除三方供用电合同。

5.5.3 合同解除后，已履行部分仍然有效，尚未履行部分不再履行。

5.6　其他

5.6.1　各类交易合同的调整、解除应不违反国家法律、法规的禁止性规定，不得违反市场交易规则，不得妨碍第三方利益。若发生不可抗力，完全或部分地妨碍合同一方履行合同项下的任何义务，则该方可根据不可抗力给交易合同履行带来的影响程度免除或延迟履行其部分或全部义务。

5.6.2　不可抗力包括因政府行为、法律法规变更或电力市场发生较大变化，导致售电方或购电方不能完成合同义务，各方应本着公平合理的原则尽快协商解决。必要时，可适当修改合同。

5.6.3　购售电合同、交易合同和市场化零售业务协议签订完成 5 个工作日内向湖南能源监管办报备。转让合同应在签订后 5 个工作日内向湖南能源监管办备案。备案合同信息应全面，包括但不限于转受让电量、价格、周期及结算等内容。

【解读】合同执行不到位将承担的违约责任。《中华人民共和国民法典》第五百七十七条规定，当事人一方不履行合同义务或者履行合同义务不符合约定的，应当承担继续履行、采取补救措施或者赔偿损失等违约损失。市场主体在签订合同后执行合同不到位，相应的市场主体可根据合同约定要求其承担违约责任。同时，该市场主体履行合同不到位的行为还可能根据相应的交易规则进行偏差电量电费结算，可能承担偏差考核电费，并纳入失信管理。

拒绝执行合同将承担的违约责任。《中华人民共和国民法典》第五百七十八条规定，当事人一方明确表示或者以自己行为表明

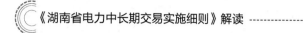

不履行合同义务的，对方可以在履行期限届满前请求其承担违约责任。市场主体在签订合同后拒绝执行合同，相应的市场主体可以根据合同约定要求其承担违约责任。同时在实践中，市场主体在签订合同后拒绝执行合同的行为将被纳入失信管理，并作为惩罚性扣分事项纳入该市场主体的信用评价结果。

⑥ 交易执行

本章包括湖南电力中长期市场的月度交易计划编制、调整、执行要求，预挂牌招标交易月平衡偏差处理机制等内容。

6.1 概述

6.1.1 交易执行工作依照《湖南省电力中长期交易规则（2022年修订版）》第一百二十一条至一百二十六条规定执行。电力交易机构在每月月底前编制、发布发电企业次月交易计划，并依据月内（多日）交易结果，进行更新、调整并发布。电力调度机构应当合理安排电网运行方式并保障执行。

6.1.2 对于月度交易计划电量与实际发电需求之间的偏差，主要通过预挂牌月平衡偏差方式处理。电力交易机构按月通过预挂牌招标交易确定次月上调（增发）机组及电量调用排序和下调（减发）机组调用排序。电力调度机构按照上调机组调用排序增加发电出力，或者按照下调机组调用排序减少发电出力，确保电力系统供需实时平衡，具体执行方法见《湖南省电力中长期交易规则（2022年修订版）》第一百二十七条至一百三十二条。

【解读】月度实际用电需求与月度发电计划存在偏差时，除了通过发电侧上调或下调预挂牌机制进行处理，也可根据各地实际采用偏差电量次月挂牌合同电量滚动调整等偏差处理机制。

79

6.2 预挂牌招标交易

6.2.1 预挂牌上调招标

6.2.1.1 预挂牌上调招标在月度集中竞价之后单独开展，具体组织方式通过市场交易公告明确。

6.2.1.2 上下调招标交易价格、强制上下调补偿价格可根据成本监测和市场运营状况实行限价。

【解读】强制上调或下调是指在已报价上调或下调能力用尽后，对未报价的机组实行的强制调用手段。强制上调或下调可根据市场实际情况进行限价。预挂牌交易结束后电力交易机构将上调机组及电量调用排序和下调机组调用排序提交给电力调度机构。

6.2.1.3 预挂牌上调招标交易的申报要求如下：

6.2.1.3.1 实行上调交易申报价差限制，上调价差的限额原则上由同月同类型机组月度交易平均价差乘以上调价差调整系数 K_3 确定，K_3 取值范围为 0.8～1.2，由电力交易机构测算并提出建议值，经省电力市场管理委员会讨论，报湖南能源监管办、省发展改革委、省能源局批准后执行。原则上，月度交易平均价差为正时，K_3 不高于 1；月度交易平均价差为负时，K_3 不低于 1。

【解读】设置上调价差调整系数 K_3 对上调申报价差进行限制，是为了鼓励发电企业根据用电需求预测正常签订交易合同，而不是惜售电量，等待通过上调获利。例如月度交易平均价差为 +9 分/kWh，K_3 若设置为 0.9，则上调最高价差为 +8.1 分/kWh，发电企业更愿意主动通过双边及集中竞价获得交易合同。

6.2.1.3.2 上调招标交易不需要申报电量，发电企业高于月度市场合同及优先发电计划的可发电量默认为属于可上调电量范围。

6.2.1.3.3 发电企业在公告规定的申报时间、价差区间范围内申报当次交易周期内的分时段价差。发电企业申报与燃煤发电基准价或政府批复上网电价的价差，电价上浮为正，电价下浮为负。

6.2.1.3.4 预挂牌上调招标单独组织时，每次交易只能申报一组分时段电价（价差）。

6.2.1.4 预挂牌上调招标交易以"价格优先、时间优先、环保优先（大机组优先）"为原则。申报截止后，按照以下算法进行出清计算：

按照分时段申报价差由低到高的顺序对各发电企业进行分时段上调排序；若分时段价差相同，则按照申报时间的先后顺序排序；若价差、申报时间均相同（或均未申报），则按照环保优先（大机组优先）的原则排序；由此形成上调机组顺序表。若发电企业不参与预挂牌上调招标交易，电力交易机构按照节能减排（机组容量由大到小）的原则确定分时段上调机组调用顺序。

6.2.1.5 电力交易机构发布次月上调机组及分时段调用顺序表，提交电力调度机构执行，并封存上调分时段电价（价差）结果数据用于事后结算。

6.2.2 预挂牌下调招标

6.2.2.1 预挂牌下调招标交易的具体组织方式通过市场交易公告明确。

6.2.2.2 当发电企业月度发电计划为零时，原则上不参与预挂牌下调招标交易。

6.2.2.3 预挂牌下调招标交易的申报要求如下：

6.2.2.3.1 实行下调补偿申报价格限制，由电力交易机构对发电企业提出分时段最高、最低下调补偿申报价格建议，形成允许的分时段申报价格区间，报湖南能源监管办、省发展改革委和省能源局批准。下调补偿分时段申报价格区间的设定要充分考虑发电成本及其变动趋势和电能的分时段价值。

6.2.2.3.2 下调招标交易不需要申报电量，发电企业的月度市场合同电量默认为属于可下调电量范围。

6.2.2.3.3 发电企业按照交易公告规定的方式，在公告规定的申报时间、下调补偿价格区间范围内申报当次交易周期内的分时段下调补偿价格，每次交易只能申报一组分时段补偿价格。

6.2.2.4 预挂牌下调招标交易以"价格优先、时间优先、环保逆序"为原则。申报截止后，按照以下算法进行出清计算：

按照分时段补偿报价由低到高的顺序对各发电企业进行分时段排序，价格相同时按照最终申报时间早者优先的原则排序，价格、时间均相同时按照小机组优先下调的原则排序；当以上条件均相同时，按照并列处理。由此形成分时段下调机组调用顺序表。

6.2.2.5 电力交易机构发布次月下调机组调用顺序表，提交电力调度机构执行，并封存补偿价格数据用于事后结算。

6.2.2.6 发电企业出现下调时，按其下调补偿报价予以补偿；如其无下调补偿报价按强制下调价格予以补偿。发电侧下调补偿费用纳入月度交易平衡账户清算。

【解读】发电企业出现下调时，可以获得补偿，但补偿费用没有直接来源，因此需要纳入月度清算。

6.3 月度交易计划编制与调整

6.3.1 电力交易机构以满足电网稳定运行要求、实现月度电力电量平衡为约束条件，根据省政府电力主管部门印发的年度电力供需平衡方案、市场主体年度合同分月电量安排、各类月度交易成交结果等编制月度交易计划。月度交易计划包括以下主要内容：次月全网调度发受电量预测、预安排的多发（少发）电量、火电（含煤矸石发电）企业市场合同电量、其他发电企业市场合同电量、优先发电计划电量，跨省跨区购电量，地调直调发电企业计划电量，非统调发电企业上网电量等。

6.3.2 在编制月度电量交易计划时，水电、生物质和垃圾焚烧发电企业各月的优先发电计划根据年度平衡方案的年度计划电量与近 5 年当月发电量（上网电量）平均值的比例安排，近 5 年新投产的电厂与有计划检修安排的电厂可根据实际情况进行调整；风电、光伏发电企业将年度平衡方案的年度计划电量（如有）平均分配至 12 个月，如果月度优先发电计划与优先购电计划不平衡时，可对可再生能源发电企业的月度优先发电计划等比例调减，直至满足月度电量平衡。可再生能源发电企业的月度发电计划（优先计划发电量与市场合同发电量之和）以不超自身发电能力为原则。月度交易计划应分时段编制。

7 零售市场交易管理

本章主要包括湖南电力中长期交易零售市场售电公司与零售用户的交易方式，购售电关系建立、变更与解除，新装、增容与变更用电，零售合同，零售电价管理要求等内容。

7.1 概述

7.1.1 零售用户在一个结算周期内只能选择与一家售电公司绑定购售电关系（或电网企业代理购电）。

7.1.2 电网企业承担供电营业区内电力普遍服务义务，无歧视地向售电公司及零售用户提供报装、计量、抄表、核算、收费等各类供电服务。售电公司为零售用户提供购售电及增值服务，可代理用户办理变更购售电关系、业扩报装、变更用电等相关业务。

【解读】根据《湖南省电力中长期交易规则（2022年修订版）》第十一条，电网企业负责为市场主体提供公平的输配电服务和电网接入服务，提供报装、计量、抄表、收费等各类供电服务。

7.1.3 零售市场交易采用双边协商方式，零售用户与售电公司自主选择交易对象，平等协商建立购售电关系，根据实际情况签订《电力零售市场购售电意向协议》和《双边协商零售交易合同》（购售电合同）；签订的《双边协商零售交易合同》（购售电合同）

与《电力零售市场购售电意向协议》代理期限应一致。

【解读】根据《湖南省电力中长期交易规则（2022年修订版）》第四十条，双边协商交易是指市场主体之间自主协商交易电力电量、电价，形成双边协商交易初步意向后，在规定的交易时间内提交电力交易平台，经安全校核和相关方确认后形成的交易。双边协商交易适用于各类交易品种，零售市场交易一般采用双边协商交易。为不断完善零售市场，并适应大量中小微工商业用户入市要求，零售套餐推出后，零售市场交易也可采用零售套餐形式。

7.1.4 售电公司、零售用户在电力交易机构办理购售电关系签约登记手续后，按规定与电网企业签订三方电费结算补充协议，明确各方的权利和义务等。由售电公司在电力交易平台上填报市场交易价差，后期允许调整。

【解读】售电公司填报的零售市场交易价差，以省内燃煤电厂上网基准价为依据，价差为负代表降价，价差为正代表涨价。

7.1.5 零售用户应当参与月度偏差电量考核，由售电公司与零售用户双方协商约定偏差考核费用承担比例。

【解读】售电公司的批发合同电量与其代理的所有零售用户实际用电量之差，超过偏差考核范围的部分，需要承担偏差考核电费，该电费由售电公司与零售用户自行商定分摊比例。

7.1.6 任何一个售电公司及其关联售电公司的月度交易电量之和在当月月度交易电量总量中占比不允许超过20%（不含电网企业代理购电电量）。

【解读】关联售电公司，是指在资金、经营、购销等方面，存在直接或者间接的拥有或者控制关系，以及直接或者间接地同为第三者所拥有或者控制的售电公司。

7.2 购售电关系管理

7.2.1 购售电关系：

购售电关系管理包括零售用户与售电公司的购售电关系的建立、变更、解除。其中：建立购售电关系是指电网企业代理购电用户或批发市场电力用户选择一家售电公司签订购售电意向协议，转为零售用户；变更购售电关系是指零售用户重新选择售电公司，签订购售电意向协议，建立新的购售电关系；解除购售电关系是指零售用户转为电网企业代理购电用户或批发市场电力用户。

7.2.2 零售用户与售电公司建立购售电关系时应同时满足：

（1）申请用户符合电力零售市场准入条件。

（2）申请用户无用电类别变更类在途流程。

（3）申请用户已与售电公司签订购售电合同。

（4）售电公司已在电力交易机构完成市场注册并缴纳保函（保险）。

（5）批发市场电力用户在电力交易机构完成批发市场交易注销后，可提出申请转为零售用户。

【解读】根据《湖南省电力中长期交易规则（2022 年修订版）》第十七条，参与市场交易的电力用户全部工商业类别电量需通过批发交易、零售交易购买或电网企业代理购买。直接参与市场交易的电力用户不得同时参与批发交易和零售交易。未直接参与市场交易的电力用户由电网企业代理购电。

7.2.3 零售用户与售电公司变更购售电关系时应同时满足：

（1）申请用户无用电类别变更类在途流程。

（2）申请用户拟转至的售电公司已在电力交易机构注册。

（3）申请用户应提供与原售电公司解除购售电合同的证明材料。

（4）申请用户已与新售电公司签订购售电合同。

7.2.4 零售用户与售电公司解除购售电关系时应同时满足：

（1）申请用户无用电类别变更类在途流程。

（2）申请用户应提供与原售电公司解除购售电合同的证明材料。

7.2.5 零售用户在电网营销申请销户时，需完成当期市场化电量电费结算，经对应的售电公司确认，按销户业务办理，电网营销需在销户业务办结当天将销户信息同步至电力交易机构。

7.2.6 当售电公司无法继续提供售电服务，或按国家规定的程序被强制退出市场时，售电公司应将所有已签订的交易合同履行完毕或转让，并按合同约定承担相应违约责任，妥善处理相关事宜；已与该售电公司建立购售电关系的零售用户按照《湖南省电力中长期交易规则（2022年修订版）》第二十四条执行，当选择由电网企业代理购电时，该零售用户应执行《湖南省电网企业代理购电实施细则（暂行）》规定。

7.2.7 零售用户与售电公司在电力交易机构登记生效的购售电关系有效期届满自然终止，电网企业登记的购售电关系有效期应与电力交易机构一致并届满自然终止。零售用户与售电公司的购售电关系终止后，应及时续签或新签，新购售电关系有效期应与原购售电关系有效期保持连续，否则不连续期间的用电价格执行《湖南省电力中长期交易规则（2022年修订版）》第五十条规定。

7.2.8 零售购售电关系建立流程如下：

7.2.8.1 已注册的零售用户与售电公司自主协商签订《电力零售市场购售电意向协议》，并准备购售电关系签约登记资料。

7.2.8.2 售电公司登录电力交易平台，选择零售用户并确认，上传《电力零售市场购售电意向协议》原件扫描件，发起建立绑定关系流程，零售用户在平台中确认绑定关系后，提交电力交易机构审批。原则上，电力交易机构每月受理售电公司与零售用户的购售电签约关系登记业务工作的截止日期均为当月 5 日 17:00。电力交易机构在收到绑定申请的 5 个工作日内完成审批并确认，零售用户与售电公司的零售购售电关系生效。电力交易机构可视情况通知售电公司提交《电力零售市场购售电意向协议》原件进行一致性审查。电力交易机构将已生效的登记结果推送电网企业。

7.2.8.3 电网企业收到登记结果起，2 个工作日发起电网企业、零售用户和售电公司三方电费结算补充协议签订流程，零售用户和售电公司分别在 2 个工作日内完成协议签订，协议签署方式原则上需网上签署，特殊情况可由电网企业、零售用户和售电公司三方协商约定，采用线下方式签署，在电网企业营销部门建立市场化零售用户和售电公司的购售电关系。协议生效时间需与电力交易机构传递的零售关系信息保持一致。

7.2.8.4 电网企业营销部门归档三方电费结算补充协议，完成零售用户、售电公司的购售电关系绑定，并将完成归档结果告知电力交易机构。

7.2.9 零售购售电关系变更流程如下：

7.2.9.1 零售用户《电力零售市场购售电意向协议》到期，

或与原签约售电公司协商解除尚未到期的购售电关系后，可以重新选择售电公司并签订零售交易合同及《电力零售市场购售电意向协议》。

7.2.9.2 售电公司登录电力交易平台，选择零售用户及其用电单元，上传《电力零售市场购售电意向协议》原件扫描件，发起建立绑定关系流程，零售用户在平台中确认绑定关系后，提交电力交易机构审批，原则上，电力交易机构每月受理售电公司与零售用户的购售电签约关系登记业务工作的截止日期均为当月 5 日 17:00，电力交易机构在收到绑定申请的 5 个工作日内完成审批并确认，零售用户与售电公司的零售购售电关系生效。电力交易机构将已生效的登记结果推送电网企业营销部门。

7.2.9.3 自电网企业营销部门收到登记结果起，2 个工作日内发起电网企业、零售用户和售电公司三方电费结算补充协议签订流程，零售用户和售电公司分别在 2 个工作日内完成协议签订，在电网企业营销部门建立市场化零售用户和售电公司的购售电关系。

7.2.9.4 电网企业营销部门归档三方电费结算补充协议，完成零售用户、售电公司的购售电关系绑定，并将完成归档的信息告知电力交易机构。

7.2.10 零售购售电关系解除流程如下：

7.2.10.1 零售用户《电力零售市场购售电意向协议》到期，或与原签约售电公司协商解除尚未到期的购售电关系后，可以转为电网企业代理购电用户或批发市场电力用户。

7.2.10.2 零售用户《电力零售市场购售电意向协议》未到期，且《电力零售市场购售电意向协议》已生效 6 个月以上的，可同原售电公司协商签订《电力零售市场购售电意向解除协议》，并在交易平台发起解绑流程，申请解除尚未到期的购售电关系，提交电力交易机构审核生效后，由交易机构告知电网企业。

7.2.10.3 对于零售用户转为批发市场电力用户的，参照《湖南省电力中长期交易实施细则（2022版）》第2.3节的要求到电力交易机构办理批发市场电力用户注册，并提交零售用户与原售电公司解除购售电关系的证明材料；电力交易机构办理注册程序后，将办理结果通知电网企业营销部门。

7.3 零售合同管理

7.3.1 零售用户与售电公司可根据实际情况签订零售交易合同。

7.3.2 零售用户、售电公司与电网企业签订的三方电费结算补充协议，是零售用户原供用电合同的补充文件。

7.3.3 零售用户变更购售电关系后，电网企业与新的售电公司、零售用户应重新签订三方电费结算补充协议。

7.3.4 零售用户与售电公司解除购售电关系，电网企业与其签署三方电费结算补充协议同时终止。

7.3.5 售电公司发生公司名称、统一社会信用代码等变动时，电网企业应与售电公司、零售用户重新签订三方电费结算补充协议。

7.3.6 零售用户办理销户后，原三方电费结算补充协议自动终止。

7.3.7 售电公司负责向电力交易机构提交与之相关的各类交

易合同（要件），包括零售用户与售电公司的双边协商零售交易合同等，所有合同的提交时间不迟于合同执行前 5 个工作日。

7.4 新装、增容与变更用电

7.4.1 零售用户增容与变更用电业务包括增容、减容、减容恢复、暂停、暂停恢复、改压、改类、暂换、暂换恢复、迁址、移表、暂拆、复装、更名、过户、分户、并户、销户等。

7.4.2 零售用户新装业务按照电网企业现行业扩报装规定及业务流程办理。业务办结归档后，原则上其符合入市条件的电量应全部直接参与市场交易或全部由电网企业代理购电。

7.4.3 零售用户在电网企业营销部门申请办理增容与变更用电业务时，应告知售电公司，并遵循三方电费结算补充协议和供用电合同的约定。

7.4.4 零售用户增容、变更用电业务不能与变更购售电关系业务同时办理。

7.4.5 在计量装置更换、设备封停（启封）、计量装置特抄时，应按供用电合同和三方电费结算补充协议约定，由售电公司、零售用户对抄表示数进行确认。

7.4.6 零售用户办理过户业务时，根据合同相关条款应履行告知义务，提前通知售电公司终止该用电户号协议。新户满足政府规定的市场准入条件的，重新在电力交易机构注册、公示，注册生效后申请建立新的零售购售电关系。

7.4.7 零售用户之间可办理并户业务。并户后的零售用户根据合同相关条款应履行告知义务，提前通知售电公司终止该用电户号协议，并在电力交易机构解除双方关于该用电户号的购售电关系。

7.4.8 零售用户办理分户时，分出的新户根据合同相关条款应履行告知义务，提前通知售电公司。新户满足市场准入条件的，应重新在电力交易机构注册，注册生效后申请建立零售购售电关系。

7.4.9 零售用户办理销户业务时，根据合同相关条款应履行告知义务，提前通知售电公司终止该用电户号代理协议。

7.4.10 零售用户办理增容、变更用电的其他业务，按照《供电营业规则》及电网企业现行规章制度执行。

7.5 零售电价管理

7.5.1 零售用户的用电价格由市场交易价格、新增损益、输配电价、辅助服务费用、政府性基金及附加等构成。市场交易价格由燃煤发电基准价加上市场交易价差确定，交易价差由售电公司与用户协商确定，登录交易平台逐月填报或按照零售套餐执行。

7.5.2 售电公司与零售用户按照有关规定在双方协商一致的情况下，向电力交易机构提交双方认可的用电计划及价差数据，用电计划及价差或零售套餐确认时间为每月月末最后1个工作日前，由在售电公司通过电力交易平台向电力交易机构申报用电计划及价差或零售套餐，零售用户需登录电力交易平台对售电公司申报的月度用电计划及价差或零售套餐进行确认。

7.5.3 如果售电公司未及时填报交易价差或零售套餐，按该售电公司当月可申报价差范围的最低值认定并计算零售价差或零售套餐；如果售电公司按要求填报了交易价差或零售套餐，而零售用户未及时确认交易价差或零售套餐，视为零售用户无异议，按售电公司填报的交易价差或零售套餐进行认定。其中，用户销户时未形成交易价差或零售套餐的，以上月交易价差或零售套餐结算。

7.5.4 电力交易机构收到经售电公司、零售用户双方确认的月度用电计划及交易价差或零售套餐后，进行认定、汇总存档，并通过零售用户结算计算流程将用户市场化电量及价差或零售套餐计算结果向电网企业营销部传递。交易价差或零售套餐生效时间应与电费结算周期保持一致。

8 计量与结算

本章主要包括湖南电力中长期交易的计量点设置，计量数据采集，发电企业结算，批发市场电力用户结算，零售用户结算，售电公司结算，售电公司（批发市场电力用户）偏差考核调整，代理购电电网企业结算，批发市场电费清算等内容，重点举例解读了合同偏差电量结算机制。

8.1 概述

8.1.1 电力交易机构负责向市场主体出具结算依据，市场主体根据相关规则进行电费资金结算。其中，跨省跨区交易原则上由组织该交易的电力交易机构会同送受端电力交易机构向市场主体出具结算依据；合同转让交易由电力交易机构分别向出让方和受让方出具结算依据。

8.1.2 市场主体的交易结算、清算均按照分时段开展。

8.1.3 电力交易机构向各市场成员提供的结算依据包括但不限于以下内容：

（1）实际结算电量。

（2）各类分时段交易合同（含优先发电合同、市场交易合同）电量、电价和电费。

（3）分时段上下调电量、电价和电费，偏差电量、电价和电费，分摊的结算资金差额或者盈余等信息。

（4）发电企业新机组调试电量、电价、电费。

（5）辅助服务费用。

（6）电网企业代理购电结算依据（含分时段交易合同电量、电价和电费，以及偏差费用等）。

（7）接受售电公司委托出具的零售交易结算依据。

8.1.4 电费资金收缴、支付管理执行《湖南省电力中长期交易规则（2022年修订版）》第一百三十九条至一百四十一条规定，各市场主体保持与电网企业的电费结算和支付方式不变。

8.1.5 市场交易电费结算为现金方式，也可以按约定采用承兑汇票结算。电力用户电费结算使用承兑汇票的应逐年降低比例（原则上比上年降低幅度不低于10%），并在交易合同中约定。超过约定比例的，应承担承兑汇票贴现成本。电网企业结算支付发电企业市场电量和其他上网电量的电费的承兑汇票占比应保持一致。

8.1.6 电力交易机构根据各市场主体的各类交易合同、实际上网电量、实际用电量开展结算工作，发电企业与电力用户（售电公司、代理购电电网企业）的电量分开解耦结算。

8.1.7 建立合同偏差电量结算机制，发电企业和电力用户（售电公司、代理购电电网企业）的合同偏差分开结算。市场主体因偏差电量引起的电费资金，暂由电网企业收取和支付，并应当在电费结算依据中单项列示。电力调度机构按调度规程和相关法规开展系统安全调度和优化水库调度，以及因电网事故、不可抗力、临时性重点工程及市政建设等原因调整系统运行方式，由此造成市场主体的实际执行与交易结果偏差时，不承担经济责任，但应向湖南能源监管办作出必要说明。

8.1.8 电力交易机构应对售电公司和批发市场电力用户在月度交易中的购电量基于其实际用电量进行同比和环比分析，偏差超过一定幅度的（售电公司 5%，批发市场电力用户 7%），相关市场主体应作出合理说明。

月度结算时，电力交易机构应对负偏差电量比重超过 7% 的售电公司和负偏差电量比重超过 10% 的批发市场电力用户进行合规性审查：无正当理由的，负偏差考核力度可突破上限；存在违规行为的，依法依规予以处理。

8.1.9 跨省跨区交易售出电量原则上不计入省内中长期电力市场电量。

8.2 计量点设置

8.2.1 电网企业应根据市场运行需要为市场主体安装符合技术规范的分时段计量装置；计量装置原则上安装在产权分界点，产权分界点无法安装计量装置的，在计算电量时考虑相应的变（线）损。电网企业应当在跨省跨区输电线路两端安装符合技术规范的分时段计量装置，跨省跨区交易均应明确其结算时对应的分时段计量点。

8.2.2 计量周期和抄表时间应当保证最小交易周期的分时段结算需要，保证计量数据准确、完整，按自然月购售同期抄表结算。

8.2.3 对于发电企业、跨区跨省交易送受端，同一计量点应安装同型号、同规格、同精度的分时段主、副电能表各一套，主、副电能表应有明确标志。电力用户可根据实际情况配置必要的计量装置。

8.2.4　多台发电机组共用计量点且无法拆分，各发电机组需分别结算时，按照每台机组的实际发电量等比例计算各自分时段上网电量。对于风电、光伏发电企业处于相同运行状态的不同项目批次共用计量点的机组，可按照额定容量比例计算各自分时段上网电量。处于调试期的机组，如果和其他机组共用计量点，按照机组调试期的发电量等比例拆分共用计量点的分时段上网电量，确定调试期的分时段上网电量。

8.3　计量数据采集

8.3.1　定义

电网企业应按照电力市场分时段结算要求定期抄录发电企业（机组）和电力用户电能计量装置数据，并提交电力交易机构。当出现计量数据存在异议时，由具有相应资质的电能计量检测机构确认并出具报告，结算电量由电网企业组织相关市场主体协商解决。协商无法达成一致时，可申请湖南能源监管办和政府有关部门协调、裁决。

8.3.2　发电企业计量数据采集和抄报流程

8.3.2.1　月度分时段上网电量以上网计量关口电能表每月最后一天 24:00 的当月表码分时段计量数据为依据。当月该发电企业发电上网电量与用电下网电量（以下简称"抄见电量"）须经发电企业和电网企业下属市供电公司共同核算、确认。

8.3.2.2　正常情况下，月度分时段上网电量以关口电能表主表的数据作为依据，关口电能表副表的数据用于对主表数据进行核对或在主表发生故障或因故退出运行时，代替主表计量。

8.3.2.3 凡具备远方采集电量数据条件的，均应以远方采集系统采集的分时段电量数据作为结算依据。若暂不具备远方采集电量数据条件，或主站管理系统出现问题影响结算数据正确性时，则以现场抄录分时段数据为准。现场抄录须利用电能表的冻结功能设定 8.3.2.1 所指 24:00 的表计数为抄表数，由双方人员约定于次日现场抄表。

8.3.2.4 若结算关口计量点主、副电能表均异常，则抄见电量按对侧表计分时段数据确定。对其他异常情况，可根据失压记录、失压计时等设备提供的信息，双方在充分协商的基础上确定异常期内的电量。

8.3.2.5 电网企业电能采集装置管理部门每月 3 日 10:00 前完成上月份时段上网电量数据的采集、计算和报送。

8.3.3 发电企业计量数据核对与调整

8.3.3.1 发电企业的交易结算分时段电量（以下简称"结算电量"）以发电企业每月上网计量关口分时段抄见电量数据为依据。电力交易机构应依据发电企业的各类交易合同和供用电协议的约定进行分类、核对、结算，并于每月初 3 个工作日内完成分类统计。

8.3.3.2 抄见电量数据与发电企业上报数据之间差值超过相当于该关口电能表倍率值 2% 的电能量值时，电网企业应通知相应发电企业及相关部门核实和取证，如能提供合理证据，发电企业及相关部门均应据此进行结算电量调整。

8.3.3.3 当发电企业或电网企业的任一方发现电能计量装置

异常或出现故障而影响电能计量时，应立即通知对方和双方认可的经国家计量管理部门授权的计量检测机构，共同排查问题，尽快恢复正常计量。

8.3.3.4 电力交易机构应在每月初 5 个工作日内向市场主体发布结算依据，市场主体如有异议，应在 1 个工作日内向电力交易机构提出；逾期未提出的，视为无异议。

8.4 发电企业结算

8.4.1 强制上调结算价差与下调补偿价格计算

8.4.1.1 对于应参与预挂牌上调申报的发电企业（名单或类型在交易公告另行明确），如果不参与预挂牌上调招标交易申报，在结算时，实际发生的上调增发电量按同类型电源强制上调价差结算。

【解读】如某发电企业月度各类市场合同总量为 50000MWh（无计划电量），当月该发电企业上网结算电量为 60000MWh，且无因自身原因造成的超发现象，则当月该发电企业实际发生的上调增发电量为 10000MWh。若该企业参与了预挂牌上调申报，该部分电量按上调申报价差结算，否则按同类型电源强制上调价差结算。

8.4.1.2 对于应参与预挂牌下调申报的发电企业（名单或类型在交易公告另行明确），如果不参与分时段预挂牌下调招标交易申报，实际发生的下调减发电量按同类型电源强制下调补偿价格获得补偿。

【解读】如某火电企业月度各类市场合同总量为 80000MWh，

当月该发电企业上网结算电量为 60000MWh，且无因自身原因造成的少发现象，则当月该发电企业实际发生的下调减发电量为 20000MWh。若该企业参与了预挂牌下调申报，该部分电量按下调申报价格予以补偿，否则按同类型电源强制下调价格予以补偿。

8.4.1.3 强制上调价差计算：

8.4.1.3.1 燃煤火电企业（含煤矸石发电企业）：

（1）如果有同类型电源发电企业参与了预挂牌上调招标交易申报，则火电强制上调价差 $P_{火电强制上调}$ 等于结算月所有同类型发电企业上调申报价差的最小值。

（2）如果所有同类型电源发电企业均不参与预挂牌上调招标交易申报，则火电强制上调价差 $P_{火电强制上调}$ 等于燃煤发电基准价的 -15%，即：

$$P_{火电强制上调} = P_{燃煤发电基准价} \times (-0.15)$$

【解读】$P_{燃煤发电基准价}$ 即燃煤发电企业的标杆电价，各省的燃煤发电基准价相差较大，其中湖南省燃煤发电基准价为 0.45 元/kWh。

如某月仅有五家火电企业参与上调预挂牌交易，某月火电企业上调挂牌价差申报情况如表 8-1 所示。

表 8-1　　某月火电企业上调挂牌价差申报情况　　单位：元/MWh

电厂	高峰	平段	谷段
火电厂 A	87	88	89
火电厂 B	84	85	86
火电厂 C	81	82	83
火电厂 D	78	79	80
火电厂 E	75	76	77

火电厂 F 未参与预挂牌上调申报，当月产生上调电量 10000MWh（高峰 5000MWh、平段 4000MWh、谷段 1000MWh），则该电厂上调电量按火电厂强制上调价格结算，即分别按火电厂 E 的高峰、平段、谷段上调价差结算。

8.4.1.3.2 可再生能源发电企业：

（1）如果有同类型电源发电企业参与了预挂牌上调招标交易申报，从结算月所有同类型电源发电企业申报的上调价差中取出最小值 $P_{上调最低}$。

（2）如果所有同类型电源发电企业均不参与预挂牌上调招标交易申报，$P_{上调最低}=0$。

可再生能源发电企业强制上调价差等于当月同类型电源上调申报最低价差 $P_{上调最低}$ 与燃煤火电基准价的 −15% 二者之间的较小值，即可再生能源发电企业强制上调价差 $P_{可再生强制上调}=\min[P_{上调最低}, P_{燃煤发电基准价}\times(-0.15)]$。

【解读】如某月仅有五家新能源电厂参与上调预挂牌交易，某月新能源发电企业上调挂牌价差申报情况如表 8-2 所示。

表 8-2　　某月新能源发电企业上调挂牌价差申报情况

单位：元/MWh

电厂	高峰	平段	谷段
新能源电厂 A	0	−10	−10
新能源电厂 B	0	−10	−15
新能源电厂 C	0	−10	−20
新能源电厂 D	0	−10	−25
新能源电厂 E	0	−10	−30

则该月新能源电厂上调最低报价为高峰 0 元/MWh、平段–10 元/MWh、低谷–30 元/MWh，湖南燃煤火电基准价的–15% 为–67.5 元/MWh。新能源电厂 F 本月未参与预挂牌上调申报，当月产生上调电量 10000MWh（高峰 3000MWh、平段 2000MWh、谷段 5000MWh），则该部分电量均按该厂批复上网电价与强制上调价差–67.5 元/MWh 进行结算。风电、光伏、生物质、垃圾发电企业的上调交易报价在结算时不纳入市场上调均价的计算范围。

8.4.1.4 强制下调补偿价格计算：

（1）若有同类型电源发电企业参与了预挂牌下调招标交易申报，则从结算月所有同类型电源发电企业申报的下调补偿报价中取出最小值 $P_{补偿最低}$；否则 $P_{补偿最低} = 0$。

（2）从结算月的全部市场交易合同（不含厂网间购售电合同、辅助服务合同、按日清分的月内短期交易合同）中取出电量、市场交易价格（上网价格）数据，计算市场交易电量加权均价 $P_{市场平均}$。

（3）强制下调价格等于同类型电源最低补偿价格 $P_{补偿最低}$ 与市场交易均价 $P_{市场平均}$ 的 10% 的较小值，即

$$P_{强制下调} = \min\{P_{补偿最低},\ P_{市场平均} \times 0.1\}$$

【解读】如某月全市场成交均价差为 67 元/MWh，当月仅有五家火电企业参与下调预挂牌交易，某月火电企业下调挂牌价差申报情况如表 8-3 所示。

表 8-3　　　某月火电企业下调挂牌价差申报情况

单位：元/MWh

电厂	高峰	平段	谷段
火电厂 A	140	120	100

续表

电厂	高峰	平段	谷段
火电厂 B	130	110	90
火电厂 C	120	100	80
火电厂 D	110	90	70
火电厂 E	100	80	60

该月火电厂下调最低报价为高峰 100 元/MWh、平段 80 元/MWh、低谷 60 元/MWh；市场交易均价 $P_{市场平均}$ 的 10% 为 51.75 元/MWh，该值比火电厂下调最低报价更小。假设火电厂 F 本月未参与预挂牌下调申报，当月产生下调电量 10000MWh（高峰 3000MWh、平段 3000MWh、谷段 4000MWh），则该部分电量均按 51.75 元/MWh 进行下调补偿结算。

8.4.2　燃煤火电企业（含煤矸石发电企业）结算

8.4.2.1　概述

每月 1 日 16:00 前，电力调度机构向电力交易机构提供每个燃煤公用火电企业因自身原因（包括设备故障、非计划停运、因计划检修而未被安全校核、缺煤或煤质差、不服从调度命令等）导致的少发电量 $P_{i自身少发}$ 和超发电量 $Q_{i自身超发}$，以及详细说明。

对于可以参与预挂牌上下调招标交易的燃煤公用火电企业 i，当月的结算电量（记为 $Q_{i结算}$）按照以下的顺序进行电量和电费的结算计算：

（1）按月清分电量的月内（多日）市场交易合同电量。

（2）按月结算的月度（含年度、月内多日）市场交易合同电量。

（3）超发电量（自身原因造成的多发电量）。

（4）上调电量。

火电企业如果提供了下调减发服务，将获得下调补偿费；但火电企业下调少发电量中因自身原因造成的少发电量将被考核。对于火电企业，电费为正数表示收入，负数表示支出。

【解读】燃煤火电企业取消基数电量后，所有上网电量入市交易，故燃煤火电企业的结算取消了优先电量的结算环节。

8.4.2.2 月内短期市场合同（日清分）结算

8.4.2.2.1　如果火电企业 i 参与了按日清分的月内短期市场化电能交易，取出火电企业 i 在结算月所有月内短期合同的日清分结果（电量、电价数据），计算日清分电量之和 $Q_{i日清分}$，根据日清分电量及市场交易价格（交易价差与燃煤发电基准价或政府批复上网电价之和）计算月内短期合同的日清分电量加权平均价 $P_{i日清分均价}$，根据日清分电量及交易价差计算日清分电量加权平均价差 $P_{i日清分均价差}$。

8.4.2.2.2　计算月内短期市场交易合同（按日清分）的电量电费。月内短期市场合同结算电量 $Q_{i日清分结算}=Q_{i日清分}$，结算电费收入 $R_{i日清分结算}$ 为

$$R_{i日清分结算}=\sum_{t=1}^{T}Q_{it日清分}\times P_{it日清分}$$

式中：$Q_{it日清分}$ 为火电企业 i 的第 t 天的日清分电量；$P_{it日清分}$ 为火电企业 i 的第 t 天的价格（燃煤发电基准价电源的价格=交易价差+燃煤发电基准价；非燃煤发电基准价电源的价格=交易价差+政府批复上网电价）；T 为结算月的天数。

下一步，剩余电量（$Q_{i结算}-Q_{i日清分结算}$）进行 8.4.2.3 的月度（年度）市场合同结算计算。

【解读】按日清分的月内短期市场合同优先于月度及以上合

同进行结算，如月内临时组织送省外交易合同等。

8.4.2.3 月度（年度）市场合同结算

8.4.2.3.1 取出火电企业 i 在结算月的所有按月结算的月度（年度）市场化电能交易合同，计算月度（年度）合同电量之和（含年度市场交易合同分月电量，转让合同电量）$Q_{i月合同}$，根据每个合同的电量及市场交易价格（燃煤发电基准价电源的价格=交易价差+燃煤发电基准价；非燃煤发电基准价电源的价格=交易价差+政府批复上网电价）计算合同电量加权平均价 $P_{i月合同均价}$，根据每个合同的电量及交易价差计算合同电量加权平均价差 $P_{i月合同均价差}$。

8.4.2.3.2 比较短期合同（日清分）结算后剩余电量（$Q_{i结算}$ − $Q_{i日清分结算}$）与 $Q_{i月合同}$ 的大小：

（1）若 $Q_{i结算} - Q_{i日清分结算} \leqslant Q_{i月合同}$，则剩余电量（$Q_{i结算}$ − $Q_{i日清分结算}$）均按照月度（年度）合同加权平均价 $P_{i月合同均价}$ 结算，即月度（年度）合同结算电量 $Q_{i月合同结算} = Q_{i结算} - Q_{i日清分结算}$，月度（年度）合同结算电费收入 $R_{i月合同结算} = Q_{i月合同结算} \times P_{i月合同均价}$。下一步，跳过 8.4.2.4 超发电量结算、8.4.2.5 上调电量结算进行 8.4.2.6 少发电量考核计算。

（2）若 $Q_{i结算} - Q_{i日清分结算} > Q_{i月合同}$，则月度（年度）合同结算电量 $Q_{i月合同结算} = Q_{i月合同}$，结算电费收入 $R_{i月合同结算}$ 为

$$R_{i月合同结算} = \sum_{t=1}^{T} Q_{it月合同} \times P_{it月合同}$$

式中：$Q_{it月合同}$ 为火电企业 i 的第 t 个月度（年度）合同的电量；$P_{it月合同}$ 为火电企业 i 的第 t 个月度（年度）合同的价格（燃煤发电基准价电源的价格=交易价差+燃煤发电基准价；非燃煤发电基准价电源的价格=交易价差+政府批复上网电价）；T 为火电企业 i 当月的月

度（年度）合同数量。

下一步，对剩余电量（$Q_{i\text{结算}} - Q_{i\text{日清分结算}} - Q_{i\text{月合同结算}}$）进行 8.4.2.4 的超发电量计算。

【解读】在湖南电网中少数火电（如煤矸石电厂）政府批复上网电价与燃煤发电基准价不一致，无论火电企业的政府批复上网电价是否与燃煤发电基准价一致，在申报价差时都参照燃煤上网基准价进行申报。因此在进行结算时，对不同批复电价的燃煤发电企业其市场交易价格需要分别定义，燃煤发电基准价电源的价格为交易价差与燃煤发电基准价之和，非燃煤发电基准价电源的价格为交易价差与政府批复上网电价之和。

8.4.2.4　超发电量结算

说明：根据《湖南省电力中长期交易规则（2022 年修订版）》，因自身原因导致的超发电量先按其燃煤发电基准价（燃煤发电基准价电源）或政府批复上网电价（非燃煤发电基准价电源）结算，再按燃煤发电基准价的 15% 支付偏差考核费，具体算法如下。

8.4.2.4.1　计算火电企业 i 需要结算的自身原因超发电量 $Q_{i\text{超发结算}}$。比较剩余电量（$Q_{i\text{结算}} - Q_{i\text{日清分结算}} - Q_{i\text{月合同结算}}$）与电力调度机构提供自身原因超发电量 $Q_{i\text{自身超发}}$，取二者的较小值作为自身原因超发电量 $Q_{i\text{超发结算}}$，即 $Q_{i\text{超发结算}} = \min\{Q_{i\text{结算}} - Q_{i\text{日清分结算}} - Q_{i\text{月合同结算}},\ Q_{i\text{自身超发}}\}$。

8.4.2.4.2　计算火电企业 i 超发结算电费 $R_{i\text{超发结算}}$。电费 $R_{i\text{超发结算}}$ 包括两部分：一是按照发电企业 i 的燃煤发电基准价（燃煤发电基准价电源）$P_{i\text{燃煤基准}}$ 或政府批复上网电价（非燃煤发电基准价电源）$P_{i\text{批复}}$ 计算的电量电费 $R_{i\text{超发基数}}$；二是扣减偏差考核电费，超发偏差考核电量按照燃煤发电基准价 $P_{\text{燃煤发电基准价}}$ 的 15% 支付偏差

考核费 $R_{i\,超发考核}$。相关公式如下：

$$R_{i\,超发基数} = Q_{i\,超发结算} \times P_{燃煤发电基准价/批复}$$

$$R_{i\,超发考核} = -Q_{i\,超发结算} \times P_{燃煤发电基准价} \times 0.15$$

$$R_{i\,超发结算} = R_{i\,超发基数} + R_{i\,超发考核}$$

下一步，进行 8.4.2.5 上调电量结算计算。

【解读】在市场成交价格高于燃煤发电基准价时，发电企业自身原因超发的电量是按更低的燃煤发电基准价进行结算，同时还要承担偏差考核费用；只有当市场成交价格低于燃煤上网基准价的85%时，发电企业的超发电量电费才能抵消偏差考核费用。因此将中长期市场的价格浮动下限控制在−15%之内，以此约束发电企业规范市场行为，主动按照合同进行发电，避免自身原因导致超发。

8.4.2.5　上调电量结算

8.4.2.5.1　计算火电企业 i 需要结算的上调电量 $Q_{i\,上调}$：

$$Q_{i\,上调} = Q_{i\,结算} - Q_{i\,日清分结算} - Q_{i\,月合同结算} - Q_{i\,超发结算}$$

式中：$Q_{i\,结算}$ 为当月的上网结算电量；$Q_{i\,日清分结算}$ 为已经结算的月内短期（日清分）合同电量；$Q_{i\,月合同结算}$ 为已经结算的月度（年度）合同电量；$Q_{i\,超发结算}$ 为当月已经结算的超发电量。

8.4.2.5.2　若 $Q_{i\,上调} > 0$，则上调电量均按照申报价差 $P_{i\,上调申报}$（多组申报数据取数值最小的申报价差）结算，即上调结算电量 $Q_{i\,上调结算} = Q_{i\,上调}$，$R_{i\,上调结算}$ 为相应的上调电量电费，$R_{i\,上调结算} = Q_{i\,上调结算} \times (P_{i\,上调申报} + P_{i\,燃煤基准/批复})$。在火电企业未申报上调价差情况下，按照强制结算价差 $P_{火电强制上调}$ 计算电费，即 $Q_{i\,上调结算} = Q_{i\,上调}$，相应的上调电量电费 $R_{i\,上调结算} = Q_{i\,上调结算} \times (P_{火电强制上调} + P_{i\,燃煤基准/批复})$。

8.4.2.5.3　如果 $Q_{i\,上调} = 0$，发电企业 i 没有上调结算电量和电费，即 $Q_{i上调结算}=0$，$R_{i上调结算}=0$。下一步，进行 8.4.2.9 总电量电费计算。

8.4.2.5.4 计算火电企业 i 上调结算价格 $P_{i上调结算}$。

$$P_{i上调结算}=R_{i上调结算}\div Q_{i上调结算}$$

8.4.2.6 少发电量考核

总少发电量为总的合同电量与实际结算电量的差值，即总少发电量 $=Q_{i日清分}+Q_{i月合同}-Q_{i结算}$。比较火电企业 i 在结算月的总少发电量与电力调度机构提供的火电企业 i 因自身原因导致的少发电量，取二者的较小值作为自身原因少发电量 $Q_{i自身少发}$，这部分电量按燃煤发电基准价的 10% 支付偏差考核费用，称为 $R_{i少发考核费用}$，即：

$$R_{i少发考核费用}=-Q_{i自身少发}\times P_{燃煤发电基准价}\times 0.10$$

因计划检修而未被安全校核的自身少发电量可免除考核，下一步，进行 8.4.2.7 下调电量补偿计算。

【解读】 发电厂因自身原因造成少发电量，应承担合同的违约责任，按交易规则规定接受合同偏差考核，支付考核费用。

8.4.2.7 下调补偿结算

8.4.2.7.1 取出火电企业 i 在结算月的所有市场化电能交易合同（按月结算，不含按日清分的月内短期合同），计算总合同电量（含年度合同分月电量、加减受转让合同电量等）$Q_{i月合同}$；以及火电企业 i 因自身原因导致的少发电量 $Q_{i自身少发}$。

8.4.2.7.2 计算总下调结算电量 $Q_{i下调结算}$ 的方法如下：

（1）若 $Q_{i月合同}\geqslant Q_{i月合同结算}+Q_{i自身少发}$，则

$$Q_{i下调结算}=Q_{i月合同}-(Q_{i月合同结算}+Q_{i自身少发})$$

（2）若 $Q_{i月合同}<Q_{i月合同结算}+Q_{i自身少发}$，则

$$Q_{i下调结算} = 0$$

8.4.2.7.3　根据火电企业参与预挂牌下调招标交易申报情况计算下调补偿电费。

（1）如果火电企业 i 参与了预挂牌下调招标交易申报，按照申报补偿价格 $P_{i下调申报}$ 结算所有下调电量，相应的下调补偿电费为

$$R_{i下调结算} = Q_{i下调结算} \times P_{i下调申报}$$

（2）如果火电企业 i 未参与预挂牌下调招标交易申报，则根据 8.4.1 计算的强制下调补偿价格 $P_{火电强制下调}$ 来结算下调电量，下调补偿电费为

$$R_{i下调结算} = Q_{i下调结算} \times P_{火电强制下调}$$

式中：$P_{火电强制下调}$ 为 8.4.1 中计算的火电强制下调价格结果。

8.4.2.7.4　计算火电企业 i 的下调价差电费 $C_{i下调价差电费}$，下调价差电费为未完成的市场交易合同的价差电费，仅用于批发市场电费清算，不用于火电企业电费计算。

$$C_{i下调价差电费} = Q_{i月合同下调结算} \times P_{i月合同均价差}$$

式中：$P_{i月合同均价差}$ 为 8.4.2.3 中计算的月合同均价差结果。

下一步，进行 8.4.2.8 负偏差价差电费计算。

8.4.2.8　负偏差价差电费计算

说明：如果燃煤公用火电企业因自身原因不能完成月度市场合同电量，对于未完成的合同电量，火电企业应承担价差电费。因计划检修而未被安全校核导致不能完成月度市场合同电量的部分，火电企业不承担价差电费，该部分价差电费纳入月度清算进行平衡。

8.4.2.8.1　发电企业 i 的合同负偏差电量 $Q_{i负偏差}$ 计算方法如下（其中 $Q_{i未安全校核电量}$ 为未通过安全校核的电量值）：

当 $Q_{i月合同结算} + Q_{i下调结算} \geq Q_{i月合同时}$，$Q_{i负偏差} = 0$；当 $Q_{i月合同结算} +$

$Q_{i下调结算} - Q_{i月合同} + Q_{i未安全校核} \geqslant 0$ 时，$Q_{i负偏差} = 0$；否则，$Q_{i负偏差} = Q_{i月合同结算} + Q_{i下调结算} - Q_{i月合同} + Q_{i未安全校核}$。其中，$Q_{i未安全校核}$ 为因计划检修而未被安全校核的自身少发电量。

8.4.2.8.2 按照 8.4.2.3.1 计算的合同电量加权平均价差 $P_{i月合同均价差}$ 计算负偏差价差电费，当 $P_{i月合同均价差}$ 为负值时：

$$R_{i负偏差} = -Q_{i负偏差} \times P_{i月合同均价差}$$

否则，$R_{i负偏差} = 0$。

下一步，进行 8.4.2.9 总电量电费计算。

8.4.2.9 总电量电费计算

8.4.2.9.1 燃煤公用火电企业（含煤矸石发电企业）i 总的电量电费收入 $R_{i电量}$ 由月内短期（日清分）合同电费、月度（年度）合同电量电费、超发电量电费、上调电量电费、下调电量电费、少发电量考核电费、负偏差价差电费构成。

8.4.2.9.2 如果火电企业 i 上网结算电量 $Q_{i结算}$ 小于等于日清分电量 $Q_{i日清分}$ 与月合同电量 $Q_{i月合同}$ 之和，即 $Q_{i结算} \leqslant Q_{i日清分} + Q_{i月合同}$，则总电量电费收入 $R_{i电量}$ 包括日清分结算电费 $R_{i日清分结算}$、月度（年度）合同结算电费 $R_{i月合同结算}$、下调电量结算电费 $R_{i下调结算}$、少发考核电费 $R_{i少发结算}$、负偏差电费 $R_{i负偏差结算}$，即：

$$R_{i电量} = R_{i日清分结算} + R_{i月合同结算} + R_{i下调结算} + R_{i少发考核} + R_{i负偏差}$$

8.4.2.9.3 如果火电企业 i 上网结算电量存在以下关系：$Q_{i结算} > Q_{i日清分} + Q_{i月合同}$，则总电量电费收入 $R_{i电量}$ 包括日清分结算电费 $R_{i日清分结算}$、月度（年度）合同结算电费 $R_{i月合同结算}$、上调电量结算电费 $R_{i上调结算}$、超发考核电费 $R_{i超发结算}$，即：

$$R_{i电量} = R_{i日清分结算} + R_{i月合同结算} + R_{i上调结算} + R_{i超发结算}$$

【解读】案例一：A 燃煤火电厂五月成交及实际发电情况如表 8-4 所示，其中无自身原因造成少发或超发，且参与了上下调挂牌交易，申报各时段下调补偿价格均为 100 元/MWh。

表 8-4　　　A 燃煤火电厂五月成交及实际发电情况

项目	高峰	平段	谷段	合计
抄见电量（MWh）	34224	35290	29660	99174
合同电量（MWh）	57379	55365	42768	155512
结算电量（MWh）	34224	35290	29660	99174
合同均价（元/MWh）	538.5	538.5	538.5	538.5

则发电厂的市场结算费用计算如下：

第一步，确定总结算电量、结算电量电费：

因各时段的抄见电量均比合同电量小

结算电量=34224+35290+29660=99174MWh。

结算电量电费=结算电量×加权平均价格

$$=34224 \times 538.5+35290 \times 538.5+29660 \times 538.5$$
$$=53405199 \, 元$$

第二步，确定结算上下调电量电费：

A 火电厂在高峰、平段、谷段均发生下调，但并没有因自身原因造成少发，所以不产生负偏差价差电费，仅有下调电量补偿电费：

下调电量=合同电量—结算电量

高峰下调电量=57379–34224=23155MWh

平段下调电量=55365–35290=20075MWh

低谷下调电量=42769–29660=13109MWh

下调补偿电费=23155×100+20075×100+13108×100=5633800 元

第三步，计算总电费：

总电费=合同电量电费＋下调补偿电费=53405199+5633800=59038999 元

下调电量补偿电费在市场清算环节兑付。

案例二：A 燃煤火电厂八月成交及实际发电情况如表 8-5 所示，其中无自身原因造成少发或超发，且参与了上下调挂牌交易。

表 8-5　　　　A 燃煤火电厂八月成交及实际发电情况

项目	尖峰	高峰	平段	谷段	合计
抄见电量（MWh）	59534	62217	122341	106146	350238
合同电量（MWh）	39053	38767	78219	69650	225689
结算电量（MWh）	59534	62217	122341	106146	350238
合同均价（元/MWh）	539.56	539.56	539.54	539.56	539.56
上调价格（元/MWh）	539.22	539.21	539.24	539.25	

则发电厂的市场结算费用计算如下：

第一步，确定总结算电量、合同电量电费：

总结算电量=实际上网电量=59534+62217+122341+106146=350238MWh，由于各个时段的实际上网电量均比交易合同电量大，故先计算合同电量电费。

合同电量电费=交易合同电量×加权平均价格
　　　　　　=39053×539.56+38767×539.56+78219
　　　　　　　×539.54+69650×539.56
　　　　　　=121771192.46 元

第二步，确定结算上下调电量电费：

A火电厂在尖峰、高峰、平段、谷段均发生上调，但没有因自身原因造成超发，故不产生超发考核电费，仅按上调申报价差进行上调电量结算：

上调电量=结算电量—合同电量

上调价格=火电燃煤基准价或批复价+各时段申报的上调价差

上调电量电费=∑各时段上调电量×各时段上调价格

$$=20481 \times 539.22+23450 \times 539.21+44122$$
$$\times 539.24+36496 \times 539.25$$
$$=11043765.82+12644475.50+23792347.28$$
$$+19680468.00$$
$$=67161056.60 \, 元$$

第三步，计算总电费：

总电费=合同电量电费+上调电量电费=121771192.46+67161056.60=188932249.06 元

8.4.3 其他发电企业结算

8.4.3.1 概述

8.4.3.1.1 其他发电企业指除燃煤公用火电企业（含煤矸石发电企业）之外的发电企业（含已签订入市协议的非直购统调水电企业）。

8.4.3.1.2 对于其他发电企业 j，当月的结算电量（记为 $Q_{j结算}$）按照以下的顺序进行电量和电费的结算计算：

（1）按日清分的月内短期市场交易合同电量。

（2）按月结算的月度（含年度、月内）市场交易合同电量。

（3）优先发电量。

（4）上调电量。

对于发电企业，电费为正数表示收入，负数表示支出。

【解读】1439号文印发后，湖南省内水电发电量用于保障省内居民农业等优先用户用电，因此湖南水电暂不参加直接电力中长期市场交易，省内水电所有上网电量按照优先发电量进行结算。

8.4.3.1.3 对于执行电力调度机构指令，且非因自身原因停运（因为冰冻导致风电企业停运的视为自身原因）弃电的可再生能源发电企业，不能全部完成其当月市场交易合同电量时，未完成的合同电量视为提供下调服务的减发电量，按8.4.1计算的强制下调补偿价格 $P_{可再生强制下调}$ 获得补偿，且不负担合同价差电费。

8.4.3.1.4 因自身原因造成不能完成其当月市场交易合同电量时，未完成部分（负偏差电量）应承担市场合同价差产生的电费。

8.4.3.1.5 因自身原因导致的超发电量先按其政府批复上网电价结算，再按其政府批复上网电价的15%支付偏差考核费。

8.4.3.1.6 每月1日16:00前，电力调度机构向电力交易机构提供发电企业自身原因（包括设备故障、非计划停运、冰冻停运、因计划检修而未被安全校核、不服从调度命令等）造成的少发电量 $Q_{j自身少发}$ 和超发电量 $Q_{j自身超发}$，以及详细说明。

8.4.3.2 月内短期市场合同（日清分）结算

8.4.3.2.1 如果发电企业 j 参与了按日清分的月内短期市场化能交易，取出发电企业 j 在结算月所有月内短期合同的日清分结果（电量、电价数据），计算日清分电量之和 $Q_{j日清分}$，根据日清分电量及市场交易价格（交易价差与政府批复上网电价之和）计算月内短期合同的日清分电量加权平均价 $P_{j日清分均价}$，根据日清分电量及交易价差计算日清分电量加权平均价差 $P_{j日清分均价差}$。

8.4.3.2.2 计算月内短期市场交易合同（按日清分）的电量电费。月内短期市场合同结算电量 $Q_{j日清分结算}=Q_{j日清分}$，结算电费收入 $R_{j日清分结算}$ 为

$$R_{j日清分结算}=\sum_{t=1}^{T}Q_{jt日清分}\times P_{jt日清分}$$

式中：$Q_{jt日清分}$ 为发电企业 j 的第 t 日的日清分电量；$P_{jt日清分}$ 为发电企业 j 的第 t 日的电价（价差+政府批复上网电价）；T 为结算月的天数。

下一步，剩余电量（$Q_{j结算}-Q_{j日清分结算}$）进行 8.4.3.3 的月度（年度）市场合同结算计算。

8.4.3.3 月度（年度）市场合同结算

8.4.3.3.1 取出发电企业 j 在结算月的所有按月结算的市场化电能交易合同，计算总合同电量（含年度合同分月电量，加减受转让等合同电量）$Q_{j月合同}$，根据每个合同的电量及市场交易价格（交易价差与政府批复上网电价之和）计算合同电量加权平均价 $P_{j月合同均价}$，根据每个合同的电量及交易价差计算合同电量加权平均价差 $P_{j月合同均价差}$。

8.4.3.3.2 比较当月短期合同（日清分）结算后剩余电量（$Q_{j结算}-Q_{日清分结算}$）与 $Q_{j月合同}$ 的大小：

（1）若 $Q_{j结算}-Q_{j日清分结算}\leqslant Q_{j月合同}$，则电量（$Q_{j结算}-Q_{j日清分结算}$）均按照合同加权平均价 $P_{j月合同均价}$ 结算，即月度（年度）合同结算电量 $Q_{j月合同结算}=Q_{j结算}-Q_{j日清分结算}$，合同结算电费收入 $R_{j月合同结算}=Q_{j月合同结算}\times P_{j月合同均价}$。

下一步，跳过 8.4.3.4 优先电量结算，进行 8.4.3.5 超发电量考核计算。

（2）若 $Q_{j结算}-Q_{j日清分结算}>Q_{j月合同}$，则首先结算月度（年度）

合同电量，即合同结算电量 $Q_{j\text{月合同结算}} = Q_{j\text{月合同}}$，合同电量的电费收入 $R_{j\text{月合同结算}}$ 为

$$Q_{j\text{月合同结算}} = \sum_{t=1}^{T} Q_{jt\text{月合同}} \times P_{jt\text{月合同}}$$

式中：$Q_{jt\text{月合同}}$ 为发电企业 j 的第 t 个月度（年度）合同电量；$P_{jt\text{月合同}}$ 为发电企业 j 的第 t 个合同的电价（价差+政府批复上网电价）；T 为发电企业 j 当月的月度（年度）合同数量。

剩余的电量（$Q_{j\text{结算}} - Q_{j\text{日清分结算}} - Q_{j\text{日合同结算}}$）根据 8.4.3.4 步骤进行优先电量结算计算。

8.4.3.4 优先电量结算

对于剩余电量（$Q_{j\text{结算}} - Q_{j\text{日清分结算}} - Q_{j\text{月合同结算}}$），按照政府批复上网电价 $P_{j\text{批复}}$ 结算保障优先用电 $Q_{j\text{优先计划}}$ 的上网电量。

若 $Q_{j\text{结算}} - Q_{j\text{日清分结算}} - Q_{j\text{月合同结算}} < Q_{j\text{优先计划}}$，则优先发电结算电量为 $Q_{j\text{优先结算}} = Q_{j\text{结算}} - Q_{j\text{日清分结算}} - Q_{j\text{月合同结算}}$，优先发电电量的电费收入 $R_{j\text{优先结算}} = (Q_{j\text{结算}} - Q_{j\text{日清分结算}} - Q_{j\text{月合同结算}}) \times P_{j\text{批复}}$。下一步，跳过 8.4.3.8 下调补偿结算、8.4.3.9 负偏差价差电费计算，进行 8.4.3.10 总电量电费计算。

若 $Q_{j\text{结算}} - Q_{j\text{日清分结算}} - Q_{j\text{月合同结算}} \geq Q_{j\text{优先计划}}$，则优先发电结算电量为 $Q_{j\text{优先结算}} = Q_{j\text{优先计划}}$，优先发电电量的电费收入 $R_{j\text{优先结算}} = Q_{j\text{优先计划}} \times P_{j\text{批复}}$。下一步，进行 8.4.3.5 超发电量考核。

【解读】目前湖南电力中长期市场中，新能源企业中仅有政府批复的扶贫光伏、扶贫风电项目保留优先电量，其余新能源发电企业的上网电量全部进入中长期市场交易。

8.4.3.5 超发电量结算

因自身原因导致的超发电量按其政府批复上网电价结算，再

按其政府批复上网电价的 15% 支付偏差考核费。具体算法如下。

8.4.3.5.1 计算其他发电企业 j 需要结算的自身原因超发电量 $Q_{j超发结算}$。比较剩余电量 $(Q_{j结算} - Q_{j日清分结算} - Q_{j月合同结算} - Q_{j优先结算})$ 与电力调度机构提供自身原因超发电量 $Q_{自身超发}$，取二者的较小值作为自身原因超发电量 $Q_{j超发结算}$，即 $Q_{j超发结算} = \min\{Q_{j结算} - Q_{j日清分结算} - Q_{j月合同结算} - Q_{j优先结算}, Q_{自身超发}\}$。

8.4.3.5.2 计算其他发电企业 j 超发结算电费 $R_{j超发结算}$。电费 $R_{j超发结算}$ 包括两部分：一是按照发电企业 j 的政府批复上网电价 $P_{j批复}$ 计算的电量电费 $R_{j超发优先}$；二是扣减偏差考核电费，超发偏差考核电量按政府批复上网电价 $P_{j批复}$ 的 15% 支付偏差考核费 $R_{j超发考核}$。公式如下：

$$R_{j超发优先} = Q_{j超发结算} \times P_{j批复}$$

$$R_{j超发考核} = -Q_{j超发结算} \times P_{j批复} \times 0.15$$

$$R_{j超发结算} = R_{j超发优先} + R_{j超发考核}$$

下一步，进行 8.4.3.6 上调电量结算计算。

8.4.3.6 上调电量结算

8.4.3.6.1 计算其他发电企业 j 需要结算的上调电量 $Q_{j上调}$：

$$Q_{j上调} = Q_{j结算} - Q_{j日清分结算} - Q_{j月合同结算} - Q_{j优先结算} - Q_{j超发结算}$$

式中：$Q_{j结算}$ 为当月的上网结算电量；$Q_{j日清分结算}$ 为已经结算的月内短期（日清分）合同电量；$Q_{j月合同结算}$ 为已经结算的月度（年度）合同电量；$Q_{j优先结算}$ 为已经结算的优先发电电量；$Q_{j超发结算}$ 为当月已经结算的超发电量。

8.4.3.6.2 如果 $Q_{j上调} > 0$，则上调电量按照申报价差 $P_{j上调申报}$（多组申报数据取数值最小的申报价差）结算，即上调结算电量 $Q_{j上调结算} = Q_{j上调}$，相应的上调电量电费 $R_{j上调结算} = Q_{j上调结算} \times$

$(P_{j上调申报} + P_{j批复})$。在其他发电企业 j 未申报上调价差情况下，按照强制结算价差 $P_{可再生强制上调}$ 计算电费，即 $Q_{j上调结算} = Q_{j上调}$，相应的上调电量电费 $R_{j上调结算} = Q_{j上调结算} \times (P_{可再生强制上调} + P_{j批复})$。

8.4.3.6.3 如果 $Q_{上调} = 0$，其他发电企业 j 没有上调结算电量和电费，即 $Q_{j结算上调} = 0$，$R_{j结算上调} = 0$。下一步，进行 8.4.3.10 总电量电费计算。

8.4.3.6.4 计算其他发电企业 j 上调结算价格 $P_{j上调结算}$。

$$P_{j上调结算} = R_{j上调结算} \div Q_{j上调结算}$$

【解读】新能源出力具有极强的波动性和间歇性，受此影响新能源发电企业的发电量预测难度大，其准确性是影响交易规模确定和交易组织工作的较大因素。因此统筹考虑了新能源发电企业取消优先发电电量之后的偏差考核风险，允许新能源企业参与上调招标交易，鼓励新能源多消纳的同时督促新能源发电企业提高预测准确率，控制偏差电量。

8.4.3.7 少发电量考核

比较其他发电企业 j 在结算月的总少发电量（$Q_{j日清分}$ + $Q_{j月合同} - Q_{j结算}$）与电力调度机构提供的其他发电企业 j 因自身原因导致的少发电量，取二者的较小值作为自身原因少发电量 $Q_{j自身少发}$，这部分电量按其政府批复上网电价的 10% 支付偏差考核费用，即：

$$R_{j少发考核} = -Q_{j自身少发} \times P_{j批复} \times 0.10$$

少发考核电量 $R_{j少发考核}$ 为因计划检修而未被安全校核的自身少发电量。下一步，进行 8.4.3.8 下调电量补偿计算。

8.4.3.8 下调电量补偿结算

8.4.3.8.1 对于其他发电企业 j，非自身原因导致的少发、需

要补偿的电量 $Q_{j下调结算}$，计算公式如下：

$$Q_{j下调结算} = Q_{j月合同} - Q_{j月合同结算} - Q_{j自身少发}$$

式中：$Q_{j月合同}$ 为其他发电企业 j 的月度（年度）合同总量；$Q_{j月合同结算}$ 为其他发电企业 j 结算的月度（年度）合同电量；$Q_{j自身少发}$ 为其他发电企业 j 自身原因造成的少发电量。

8.4.3.8.2　如果 $Q_{j下调结算} > 0$，并且其他发电企业 j 参与了预挂牌下调招标交易申报，按照申报的补偿价格 $P_{下调申报}$ 结算所有下调电量，下调补偿电费 $R_{j下调结算} = Q_{j下调结算} \times P_{下调申报}$。

8.4.3.8.3　如果 $Q_{j下调结算} > 0$，但是其他发电企业 j 未参与预挂牌下调招标交易申报，则按照 8.4.1 计算的强制下调补偿价格 $P_{其他强制下调}$ 结算下调补偿电量，下调补偿电费 $R_{j下调结算} = Q_{j下调结算} \times P_{其他强制下调}$。

8.4.3.8.4　如果 $Q_{j下调结算} \leqslant 0$，则 $R_{j下调结算} = 0$。

8.4.3.8.5　计算其他发电企业 j 的下调价差电费 $C_{j下调价差电费}$，下调价差电费为未完成的市场交易合同的价差电费，仅用于批发市场电费清算，不用于其他发电企业电费计算。

$$C_{j下调价差电费} = Q_{j下调结算} \times P_{j月合同均价差}$$

式中：$P_{j月合同均价差}$ 为 8.4.3.3 计算结果。

下一步，进行 8.4.3.9 负偏差价差电费计算。

【解读】为促进新能源充分消纳，鼓励新能源企业通过降低上网电价争取更多市场份额，提高市场活跃度和竞争性，湖南中长期市场允许新能源企业参与下调招标交易。1439号文印发后，在火电价格上浮的情况下，为保证市场平稳有序运营，新能源企业暂不参与下调招标交易，实际产生的下调电量不进行下调补偿结算。

8.4.3.9 负偏差价差电费

说明：其他发电企业 j 因自身原因不能完成其月度市场合同电量，对于未完成的合同电量，其他发电企业 j 应承担合同价差电费。因计划检修而未被安全校核导致不能完成月度市场合同电量的部分，其他发电企业 j 不承担价差电费，该部分价差电费纳入月度清算进行平衡。

8.4.3.9.1 其他发电企业 j 的负偏差电量 $Q_{j负偏差}$ 计算方法如下：

如果 $Q_{j月合同结算} + Q_{j下调结算} \geqslant Q_{j月合同}$，则 $Q_{j负偏差} = 0$；否则，$Q_{j负偏差} = Q_{j月合同结算} + Q_{j下调结算} - Q_{j月合同} + Q_{j未安全校核}$。

式中：$Q_{j未安全校核}$ 为因计划检修而未被安全校核的自身少发电量。

8.4.3.9.2 即按照 8.4.3.3.1 计算的合同电量加权平均价差 $P_{j月合同均价差}$ 计算负偏差价差电费，有

$$R_{j负偏差} = -Q_{j负偏差} \times P_{j月合同均价差}$$

下一步，进行 8.4.3.10 总电量电费计算。

8.4.3.10 总电量电费计算

8.4.3.10.1 其他发电企业 j 总的电量电费收入 $R_{j电量}$ 由月内短期（日清分）合同电费、月度（年度）合同电量电费、优先电量电费、上调电量电费或下调补偿电费、超发偏差考核电费或负偏差价差电费构成。

8.4.3.10.2 如果其他发电企业 j 上网结算电量 $Q_{j结算}$ 小于等于日清分电量 $Q_{j日清分}$ 与月合同电量 $Q_{j月合同}$ 之和，即 $Q_{j结算} \leqslant Q_{j日清分} + Q_{j月合同}$，则总电量电费收入 $R_{j电量}$ 包括月内短期（日清分）合同电费、月度（年度）合同电量电费、下调补偿电费、负偏差价差电费，即：

$$R_{j\text{电量}} = R_{j\text{日清分结算}} + R_{j\text{月合同结算}} + R_{j\text{下调结算}} + R_{j\text{少发考核}} + R_{j\text{负偏差}}$$

8.4.3.10.3 如果其他发电企业 j 上网结算电量 $Q_{j\text{结算}}$ 大于日清分电量 $Q_{j\text{日清分}}$ 与月合同电量 $Q_{j\text{月合同}}$ 之和，即 $Q_{j\text{结算}} > Q_{j\text{日清分}} + Q_{j\text{月合同}}$，则总电量电费收入 $R_{j\text{电量}}$ 包括月内短期（日清分）合同电费 $R_{j\text{日清分结算}}$、月度（年度）合同电量电费 $R_{j\text{月合同结算}}$、优先电量电费 $R_{j\text{优先结算}}$、超发偏差考核电费 $R_{j\text{超发结算}}$、上调电量电费 $R_{j\text{上调结算}}$，即：

$$R_{j\text{电量}} = R_{j\text{日清分结算}} + R_{j\text{月合同结算}} + R_{j\text{优先结算}} + R_{j\text{超发结算}} + R_{j\text{上调结算}}$$

8.4.4　市场上调下调均价计算

8.4.4.1　根据《湖南省电力中长期交易规则（2022 年修订版）》，按照以下方法分别计算分时段市场上调均价 $P_{\text{市场上调}}$，用于批发市场电力用户和售电公司的计算分时段正偏差电量结算。

8.4.4.1.1　如果当月组织了预挂牌上调服务招标交易，且参与申报的燃煤发电企业数量在 5 个及以上，则按照报价（申报价差）从低到高的顺序取前 5 名报价的平均值与市场燃煤发电基准价 $P_{\text{燃煤发电基准价}}$ 之和作为市场上调均价 $P_{\text{市场上调}}$；如果参与申报的燃煤发电企业数量只有 4 个，则取 4 个报价（申报价差）的平均值与市场燃煤发电基准价 $P_{\text{燃煤发电基准价}}$ 之和作为市场上调均价 $P_{\text{市场上调}}$；如果参与申报的燃煤发电企业数量只有 3 个，则取 3 个报价（申报价差）的平均值与燃煤发电基准价 $P_{\text{燃煤发电基准价}}$ 之和作为市场上调均价 $P_{\text{市场上调}}$；如果参与申报的燃煤发电企业数量少于 3 个，则按 8.4.4.1.2 的方法计算市场上调均价 $P_{\text{市场上调}}$。

8.4.4.1.2　如果当月未组织预挂牌上调服务招标交易，或当月参与申报的燃煤发电企业数量少于 3 个，则市场上调均价 $P_{\text{市场上调}}$ 为月度燃煤发电企业的集中竞价的平均价差 $P_{\text{集中竞价}}$（或统一出清

价差 $P_{统一出清}$ ）与燃煤发电基准价 $P_{燃煤发电基准价}$ 之和：

$$P_{市场上调} = P_{集中竞价} + P_{燃煤发电基准价}$$

式中：$P_{集中竞价}$ 根据 3.2 节或 3.3 节的结果计算。

8.4.4.1.3 如果当月未组织预挂牌上调服务招标交易（或参与申报的燃煤发电企业数量少于 3 个），且没有集中竞价平均价差，则市场上调均价 $P_{市场上调}$ 为当月燃煤发电企业的双边协商合同（含年度合同分月安排）电价的加权平均值。

$$P_{市场上调} = \sum_{t=1}^{T}(Q_{双边合同t} \times P_{双边合同t}) \div \sum_{t=1}^{T}Q_{双边合同t}$$

式中：$Q_{双边合同t}$ 为第 t 个双边合同的电量；$P_{双边合同t}$ 为第 t 个双边合同的电价（价差+燃煤发电基准价）；T 为当月双边协商的批发交易合同数量。

8.4.4.2 根据《湖南省电力中长期交易规则（2022 年修订版）》，按照以下方法计算市场下调补偿均价 $P_{市场下调}$，用于批发市场交易用户和售电公司的负偏差电量结算。

8.4.4.2.1 如果当月组织了预挂牌下调服务招标交易，且参与申报的发电企业数量在 5 个及以上，则按照报价从低到高的顺序取前 5 名报价的平均值作为市场下调补偿均价 $P_{市场下调}$；如果参与申报的发电企业数量只有 4 个，则取 4 个报价的平均值作为市场下调补偿均价 $P_{市场下调}$；如果参与申报的发电企业数量只有 3 个，则取 3 个报价的平均值作为市场下调补偿均价 $P_{市场下调}$；如果参与申报的发电企业数量少于 3 个，则按 8.4.4.2.2 的方法计算市场下调补偿均价 $P_{市场下调}$。

如果当月组织了预挂牌下调服务招标交易但下调补偿价格为 0 时，市场下调补偿均价 $P_{市场下调}$ 取固定值（暂定不超过 2.5 厘/kWh）

用于批发市场交易用户和售电公司的负偏差电量结算，在月度交易公告中予以明确。

【解读】发电侧下调补偿价格与用户侧负偏差考核是关联的。当发电侧下调补偿价格为 0 时，用户侧（售电公司）负偏差电量考核费用为 0。售电公司可能选择多买少用以规避考核，从而出现大量负偏差电量，导致市场清算出现较大亏空的情况。

8.4.4.2.2 如果当月未组织预挂牌下调服务招标交易，或当月参与申报的发电企业数量少于 3 个，则市场下调补偿均价 $P_{市场下调}$ 为当月发电侧市场合同（含年度合同分月安排）的加权平均价的 10%～20%。

$$P_{市场下调} = \sum_{t=1}^{T}(Q_{合同s} \times P_{合同s}) \div \sum_{t=1}^{T} Q_{合同s} \times K_{补偿系数}$$

式中：$Q_{合同s}$ 为第 s 个合同的电量；$P_{合同s}$ 为第 s 个合同的电价；S 为当月批发交易合同数量；$K_{补偿系数}$ 暂定为 0.15，具体取值以市场交易公告为准。

【解读】案例一：B 风电厂八月月度成交及实际发电情况如表 8-6 所示，其中无自身原因造成少发或超发，且参与了上调挂牌交易。

表 8-6　　　　B 风电厂八月月度成交及实际发电情况

项目	尖峰	高峰	平段	谷段	合计
抄见电量（MWh）	2207	1506	3042	7667	14422
合同电量（MWh）	2125	1750	3375	6519	13769
结算电量（MWh）	2207	1506	3042	7667	14422
合同均价（元/MWh）	450	450	450	430	
上调价格（元/MWh）	450	450	450	429	

发电厂的市场结算费用计算如下：

第一步，确定总结算电量、合同电量电费：

该电厂尖峰、谷段发生上调，高峰、平段发生下调，则总结算电量中，尖峰、谷段电量按合同电量计算，高峰、平段按实际上网电量计算。

总结算电量=2207+1506+3042+7667=14422MWh

合同电量电费=Σ各时段结算电量×各时段平均价格

$$=2125×450+1506×450+3042×450+6519×430$$
$$=5806020.00 元$$

第二步，确定结算上调电量电费：

尖峰上调电量=2207−2125=82MWh

谷段上调电量=7667−6519=1148MWh

上调电量电费=Σ各时段上调电量×各时段上调均价

$$=82×450+1148×429$$
$$=36900.00+492492.00$$
$$=529392.00 元$$

第三步，确定结算下调电量电费：

高峰下调电量=1750−1506=244MWh

平段下调电量=3375−3042=333MWh

下调补偿电费=Σ各时段下调电量×各时段下调补偿价格=0

第四步，计算总电费：

总电费=合同电量电费+上调电量电费=5806020.00+529392.00=6335412.00 元。

案例二：C光伏电厂十二月月度成交及实际发电情况如表8-7所示，其中无自身原因造成少发或超发，未参与上调挂牌交易，强制上调价格为 382.50 元/MWh。

表8-7　　C光伏电厂十二月月度成交及实际发电情况

项目	尖峰	高峰	平段	谷段	合计
抄见电量（MWh）	0	1681	1705	0	3386
合同电量（MWh）	0	1525	3802	0	5327
结算电量（MWh）	0	1681	1705	0	3386
合同均价（元/MWh）	0	450	450	0	450
上调价格（元/MWh）	—	—	—	—	—

发电厂的市场结算费用计算如下：

第一步，确定总结算电量、合同电量电费：

该电厂高峰发生上调，平段发生下调，则总结算电量中，尖峰电量按合同电量计算，平段按实际上网电量计算。

总结算电量=1525+1705=3230MWh

合同电量电费=Σ各时段结算电量×各时段平均价格
　　　　　=1525×450+1705×450=1453500.00 元

第二步，确定结算上调电量电费：

高峰上调电量=1681–1525=156MWh

因该电厂未参与上调报价，则该部分电价按强制上调价格计算，上调电量电费=Σ各时段上调电量×各时段上调电价=156×382.5=59670.00 元。

第三步，确定结算下调电量电费：

平段下调电量=3802–1705=2097MWh

下调补偿电费=Σ各时段下调电量×各时段下调补偿价格=0

第四步，计算总电费：

总电费=合同电量电费+上调电量电费=1453500.00+59670.00=

1513170.00 元

8.4.5　发电企业电费退补管理

由于电能计量装置故障、技术支持系统差错或人员工作差错、线损退补等原因，造成发电企业电量计量差错或结算差错的，电力交易机构按照差错发生月份的该发电企业市场化结算均价（含清算）进行退补。

工作流程如下：

（1）发现计量、结算差错后，电网企业营销部门向电力交易机构递交电量差错退补申请，或在电力交易平台启动电量电费差错处理流程。

（2）电力交易机构收集、审核相关资料，计算发电企业应退补的电量电费。

8.4.6　省内燃煤火电机组参与省间调峰辅助服务交易结算管理

省内燃煤火电机组参与省间调峰辅助服务交易的跨省外购落地电量视为已发电量，按省内中长期交易结算、清算规则执行。

8.5　批发市场电力用户结算

8.5.1　概述

8.5.1.1　批发市场电力用户的电量电费结算由电力交易机构和电网企业共同完成。

8.5.1.2　结算主体：批发市场电力用户的结算以电网企业营销系统中的用电用户号为结算主体，同一法人在多个用电地址通过多个用电用户号用电的，应分别单独结算。同一法人、同一用电地址、同一抄表例日的多个用电用户号的电量可以合并参与批发市场交易、计算偏差电量。

8.5.1.3 结算周期：批发市场电力用户原则上每月结算一次。

8.5.1.4 结算例日：批发市场电力用户的结算例日与电网企业对其进行抄表结算的例日相同，自上月抄表例日 0 时至本抄表例日前一天 24 时记为一个结算周期。

8.5.1.5 结算时限：批发市场电力用户结算应严格执行结算例日，并按规定时限完成，不得跨抄表结算周期。由于特殊原因需要立即发行电费的，电网企业与电力交易机构及用户商榷一致后，可先发行电量电费，次月再进行退补处理。

8.5.2 结算步骤及内容

8.5.2.1 电网企业按分时段抄表。

8.5.2.2 电网企业计算用户的市场划分时段用电量 $Q_{m\text{用电量}}$（大工业、一般工商业类别用电量）。

8.5.2.3 电力交易机构和电网企业共同完成批发市场电力用户的电费计算，其中，电力交易机构负责市场交易电费（含交易合同电费、偏差电费）计算，电网企业计算用户的新增损益、输配电价、政府性基金及附加等后，汇总发行用户月度电费。对于电力用户，电费为正数表示向用户收费，负数表示向用户退费。

8.5.2.4 批发市场电力用户的市场交易电费计算过程分为两步：首先，根据批发市场电力用户的市场化交易合同，按照本细则算法计算合同电费；然后，根据批发市场电力用户的实际用电量 $Q_{m\text{用电量}}$ 和交易合同，计算偏差电费；最后，将合同电费和偏差电费相加形成市场交易电费。

8.5.3 合同电费计算

8.5.3.1 根据批发市场电力用户 m 的市场合同计算合同电费 $C_{m合同}$，具体方法为：假设批发市场电力用户 m 在结算月有 i 个有效的市场化交易合同（包括双边协商、集中竞价、挂牌及转让等交易的合同），i 个合同的电量乘以合同价格（交易价差+燃煤发电基准价）之和即为合同电费 $C_{m合同}$。当批发市场电力用户无市场化交易合同时，则认为该用户的合同电量、合同电费均为 0，按照规则进行偏差结算。

$$C_{m合同} = \sum_{t=1}^{T}(Q_{m合同i} \times P_{m合同i})$$

式中：$Q_{m合同i}$ 为批发市场电力用户 m 第 i 个合同的电量；$P_{m合同i}$ 为批发市场电力用户 m 第 i 个合同的电价（价差+燃煤发电基准价）。

8.5.3.2 批发市场电力用户 m 的市场合同总量 $Q_{m市场合同}$ 为

$$Q_{m市场合同} = \sum_{t=1}^{T}Q_{m合同i}$$

式中：$Q_{m合同i}$ 为批发市场电力用户 m 的第 i 个合同的电量。

8.5.3.3 批发市场电力用户 m 的市场合同平均价格 $P_{m合同均价}$ 为

$$P_{m合同均价} = C_{m合同} \div Q_{m市场合同}$$

式中：$C_{m合同}$ 为批发市场电力用户 m 的合同电费；$Q_{m市场合同}$ 为批发市场电力用户 m 的合同总量。

8.5.3.4 批发市场电力用户 m 的市场合同平均价差 $P_{m合同均价差}$ 为

$$P_{m合同均价差} = \sum_{t=1}^{T}(Q_{m合同i} \times P_{m合同i价差}) \div \sum_{t=1}^{T}Q_{m合同i}$$

式中：$Q_{m合同i}$ 为批发市场电力用户 m 第 i 个合同的电量；$P_{m合同i价差}$ 为批发市场电力用户 m 第 i 个合同的价差。

8.5.4 偏差电费计算

批发市场电力用户 m 的偏差电量 $Q_{m偏差}$ 为实际用电量 $Q_{m用电量}$ 与合同量 $Q_{m市场合同}$ 的差值，分为两部分：一部分是偏差考核范围以内的偏差电量 $Q_{m偏差1}$，均按批发市场电力用户当月的合同均价 $P_{m合同均价}$ 计算电费；另一部分是偏差考核范围以外的偏差电量 $Q_{m偏差2}$，正偏差电量根据 8.4.4 计算的当月市场上调均价 $P_{市场上调}$、用户正偏差考核系数 K_1 计算偏差电费，负偏差电量按照 8.4.4 计算的当月市场下调补偿均价 $P_{市场下调}$、用户负偏差考核系数 K_2 计算偏差电费。偏差考核范围暂定为 3%，K_1 的取值范围为 $1.0\sim1.5$，K_2 的取值范围为 $0.1\sim1.5$，由电力交易机构测算并提出建议值，经省电力市场管理委员会讨论，报湖南能源监管办、省发展改革委和省能源局批准后执行。具体计算过程及算法如下：

8.5.4.1 根据 8.5.3 的 $Q_{m市场合同}$ 计算偏差电量：

$$Q_{m偏差} = Q_{m用电量} - Q_{m市场合同}$$

（1）如果 $-Q_{m市场合同} \times 0.03 \leqslant Q_{m偏差} \leqslant Q_{m市场合同} \times 0.03$，则 $Q_{m偏差1} = Q_{m偏差}$，$Q_{m偏差2} = 0$。

（2）如果 $Q_{m偏差} > Q_{m市场合同} \times 0.03$，则 $Q_{m偏差1} = Q_{m市场合同} \times 0.03$，$Q_{m偏差2} = Q_{m偏差} - Q_{m偏差1}$。

（3）如果 $Q_{m偏差} < -Q_{m市场合同} \times 0.03$，则 $Q_{m偏差1} = -Q_{m市场合同} \times 0.03$，$Q_{m偏差2} = Q_{m偏差} - Q_{m偏差1}$。

8.5.4.2 根据 8.4.4 计算市场上调均价 $P_{市场上调}$、市场下调补偿均价 $P_{市场下调}$。

8.5.4.3 计算偏差考核范围以内的偏差电量电费：

按照 8.5.3 计算的用户市场合同均价 $P_{m合同均价}$、合同平均价差 $P_{m合同均价差}$ 计算偏差考核范围以内的偏差电量电费 $C_{m偏差1}$ 和偏差电

量价差电费 $C_{m偏差价差1}$。偏差价差电费仅用于市场电费清算。计算公式为

$$C_{m偏差1} = Q_{m偏差1} \times P_{m合同均价}$$

$$C_{m偏差价差1} = Q_{m偏差1} \times P_{m合同均价差}$$

8.5.4.4 计算偏差考核范围以外的偏差电费 $C_{m偏差2}$ 和偏差清算电费 $C_{m偏差2清算}$，偏差清算电费仅用于市场电费清算。

（1）对于正偏差电量（$Q_{m偏差2} > 0$），电费计算公式为

$$C_{m偏差2} = Q_{m偏差2} \times P_{市场上调} \times K_1$$

式中：$P_{市场上调}$ 为 8.4.4 计算的市场上调均价。

$$C_{m偏差2清算} = Q_{m偏差2} \times (P_{市场上调} \times K_1 - P_{燃煤发电基准价})$$

式中：$P_{燃煤发电基准价}$ 为市场燃煤发电基准价。

（2）对于负偏差电量（$Q_{m偏差2} < 0$），电费计算公式为

$$C_{m偏差2} = Q_{m偏差2} \times (P_{m合同均价} - P_{市场下调} \times K_2)$$

式中：$P_{m合同均价}$ 为 8.5.3 计算的用户市场合同均价；

$P_{市场下调}$ 为 8.4.4 计算的市场下调补偿均价。

$$C_{m偏差2清算} = Q_{m偏差2} \times (P_{m合同均价差} - P_{市场下调} \times K_2)$$

式中：$P_{m合同均价差}$ 为 8.5.3 计算的用户市场合同均价差；$P_{市场下调}$ 为 8.4.4 计算的市场下调补偿均价。

8.5.4.5 以下情况导致的用户偏差考核范围以外的偏差考核电量，可根据批发市场电力用户的申请和有权部门的有效证明文件核减偏差考核电量：

（1）政府下达停产、限产通知。

（2）有序用电、电网运行方式调整。

（3）不可抗力因素。

（4）湖南能源监管办、省发展改革委和省能源局认定的其他

事项。

原则上，批发市场电力用户的偏差电量核减申请及相关证明材料须在当月批发市场电力用户结算工作开始之前（即每月 1 日前）提交给电力交易机构，逾期不予受理。批发市场电力用户偏差考核电量的核减办法和计算公式，详见 8.8 节"售电公司（批发市场电力用户）偏差考核调整"。

8.5.5 总市场交易电费计算

批发市场电力用户 m 市场交易总电费支出 $C_{m交易电费}$ 由合同电费、偏差电费构成。

$$C_{m交易电费} = C_{m合同} + C_{m偏差1} + C_{m偏差2}$$

8.5.6 结算异常管理

在批发市场电力用户市场化电量电费结算中，发现用户合同均价、偏差电量、偏差电费等存在明显异常的，应在规定时间内填写异常工单，并做好记录。

8.5.7 电费退补管理

8.5.7.1 由于电能计量装置故障、技术支持系统差错或人员工作差错等原因，造成电力用户电量计量差错或结算差错的，电网企业应按照差错发生月份的市场化交易价格或电网企业代理购电价格进行退补。

单个电力用户差错电量小于 100MWh 的，或差错月电费发行后超过 3 个月，不联动计算市场主体的结算清算及电费退补，由电网企业对该电力用户另行进行电费退补。

8.5.7.2 工作流程：

（1）发现计量、结算差错后，电网企业营销部门（含市供电公司营销部门）向电力交易机构递交电量电费差错处理申请，或在电力交易平台启动电量电费差错处理流程。

（2）电力交易机构收集、审核相关资料，重新计算用户的结算电量电费和应退补的电量电费，编制《电量电费退补单》。

8.6　零售用户结算

8.6.1　售电公司与零售用户按照有关规定在双方协商一致的情况下，向电力交易机构提交双方认可的用电计划及价差数据，用电计划及价差申报确认时间为每月月末最后 1 个工作日前，由售电公司通过电力交易平台向电力交易机构申报用电计划及交易价差，零售用户需登录电力交易平台对售电公司申报的月度用电计划及价差进行确认。

8.6.2　电力交易机构认定价差后，通过零售用户结算计算流程将用户市场化电量及价差计算结果向电网企业营销部门传递。交易价差生效时间应与电费结算周期保持一致。

8.6.3　电力交易机构与电网企业共同完成零售用户的算费工作，电网企业营销部门负责零售用户的抄表、收费工作。零售用户用电价格由市场交易价格、新增损益、辅助服务费用、输配电价、政府性基金及附加等构成。其中，市场交易价格由燃煤发电基准价加上市场交易价差确定。

【解读】假设由某售电公司代理的 10kV 一般工商业用户 D 八月月度交易和用电情况如下：售电公司购电合同均价差为 84.36 元/MWh，零售代理服务价格为 2.5 元/MWh，用户当月各时段偏差电量均在约定范围之内。

用户平段市场交易价格（含代理服务费）为：450+（84.36+

2.5）=536.86 元/MWh；

用户平段用电价格为=市场交易价格+新增损益+辅助服务费用+输配电价+政府性基金及附加=536.86+（–31.30）+0.00+236.50+46.25=788.31 元/MWh

在市场清算部分明确用户的市场清算分摊费用。总电费结算按照电网企业营销部门结算规定进行，并执行峰谷分时政策。

8.6.4 零售抄表数据、电费核算结果数据、电量电费退补数据等应按照合同约定方式及时限要求告知售电公司及零售用户。对电费核算结果有异议的，在异议解决期间，应先按照计算结果缴纳电费，待异议解决后进行退补处理。

8.6.5 因抄表、计量、计算等原因造成的零售用户电量计量差错或结算差错的，电网企业应按照差错发生月份的市场化交易价格或电网企业代理购电价格进行退补。

单个零售电力用户差错电量小于 10MWh 的，或差错月电费发行后超过 3 个月，不联动计算市场主体的结算清算及电费退补，由电网企业对该电力用户另行进行电费退补。

8.6.6 电网企业营销部门每月按售电公司对退补电费情况进行统计，并传递至电力交易机构和电网企业财务部门。退补电费情况统计应包括退补电量、退补电费、发生时间及所属售电公司等信息。

8.6.7 因违约用电及窃电引发的违约使用电费计算执行《供电营业规则》相关规定及合同约定，且因窃电引起的电量追补、因违约用电引起的电费追补均按照追补执行月市场交易电价，不联动调整其他市场主体结算。

8.6.8 因电费滞纳引发的电费违约金，起算日期及计算标准应在合同中约定，电费违约金计算基数为零售用户欠费总额。

8.6.9 供用电合同中明确违约使用电费和电费违约金的归属方。

8.7 售电公司结算

8.7.1 概述

8.7.1.1 电力交易机构负责售电公司电费计算和预付款额度计算，向售电公司和电网企业提供电力交易结算依据和预付款缴纳依据。

8.7.1.2 售电公司应及时向电力交易机构提供《电力零售市场购售电意向协议》、零售用户信息、电量需求和零售价格（价差），及时支付预付款和市场交易电费（含偏差考核电费）等。

8.7.1.3 电网企业根据《电力零售市场购售电意向协议》向零售用户提供计量、抄表、收费等各类供电服务；向电力交易机构提供零售用户用电电量和电费相关信息；负责售电公司电费结算和预付款资金管理，向售电公司支付或收取电费、预付款等。

8.7.1.4 售电公司结算原则上每月结算一次，按月清算。售电公司代理的新装零售用户应在送电归档后的第一个结算周期进行市场化交易结算；原有存量用户申请参加零售交易的，应在零售服务关系确认后的下一个结算周期进行市场化交易结算。

8.7.1.5 电力交易机构在收到电网企业营销部门的零售用户电量电费结算数据后，在 5 个工作日内完成售电公司电量电费计算，并出具结算单。

8.7.1.6 电网企业财务部门和售电公司收到电力交易机构的

结算单后，相互核对结算结果，核对无误后，开具增值税专用发票（结算结果为正时，电网企业向售电公司开具增值税专用发票；结算结果为负时，售电公司向电网企业开具增值税专用发票）。售电公司首次开展电费结算的，需向电网企业提供售电公司基础信息、增值税专用发票信息、电费结算银行账户备案表等相关信息，加盖公章后，在开展电费结算前提交电网企业财务部门。

8.7.1.7 各方收到增值税专用发票后，办理资金收付清算。

8.7.1.8 售电公司作为批发市场的购方，通过市场化交易向发电企业购电，获得购电的价差电费（收入），同时承担批发市场的偏差考核电费（支出）；售电公司作为零售市场的卖方，通过市场化交易向零售用户售电，承担用户的价差电费（支出）。对于售电公司，电费为正数表示向售电公司收费，负数表示向售电公司付费。

8.7.2 电费算法

8.7.2.1 根据售电公司在批发市场的购电交易合同，计算售电公司 n 的购电价差电费收入 $R_{n\text{合同价差}}$、购电合同总量 $Q_{n\text{市场合同}}$、购电合同平均价差 $P_{n\text{合同均价差}}$。具体方法为：假设售电公司 n 在结算月有 I 个有效的购电交易合同（包括双边协商、集中竞价、挂牌及转让等交易的合同），I 个合同的电量 $Q_{n\text{合同}i}$ 乘以交易价差 $P_{m\text{合同}i\text{价差}}$ 之和即为购电价差电费收入 $R_{n\text{合同价差}}$。其中 t 为结算天数，T 按自然月计算为 30 天。

$$R_{n\text{合同价差}} = \sum_{t=1}^{T}(Q_{n\text{合同}i} \times P_{m\text{合同}i\text{价差}})$$

售电公司 n 的购电合同总量 $Q_{n\text{市场合同}}$ 为

$$Q_{n\text{市场合同}} = \sum_{t=1}^{T}Q_{n\text{合同}i}$$

售电公司 n 的购电合同平均价差 $P_{n合同均价差}$ 为

$$P_{n合同均价差} = R_{n合同价差} \div Q_{n市场合同}$$

如果售电公司在结算月无批发市场购电交易合同，但与售电公司绑定购售电关系的零售用户有市场化用电量，则售电公司的购电价差电费收入 $R_{n合同价差}$、购电合同总量 $Q_{n市场合同}$、购电合同平均价差 $P_{n合同均价差}$ 均按 0 结算。

8.7.2.2 统计售电公司 n 的用电量 $Q_{n用电量}$。以与售电公司绑定为售电关系的所有零售用户的月度市场化用电量（大工业、一般工商业类别的用电量）之和作为售电公司 n 的用电量 $Q_{n用电量}$。

8.7.2.3 计算售电公司 n 的各种偏差电费支出 $C_{n偏差1}$ 和 $C_{n偏差2}$。

售电公司 n 的偏差电量 $Q_{n偏差}$ 为实际用电量 $Q_{n用电量}$ 与购电合同总量 $Q_{n市场合同}$ 的差值，分为两部分：一部分是偏差考核范围（含）以内的偏差电量 $Q_{n偏差1}$，均按售电公司 n 当月的购电合同均价差 $P_{n合同均价差}$ 计算电费；另一部分是偏差考核范围以外的偏差电量 $Q_{n偏差2}$，正偏差电量根据 8.4.4 计算的当月市场上调均价 $P_{市场上调}$、正偏差考核系数 K_1、燃煤发电基准价 $P_{燃煤发电基准价}$ 计算偏差电费，负偏差电量按照 8.4.4 计算的当月市场下调补偿均价 $P_{市场下调}$、负偏差考核系数 K_2 计算偏差电费。偏差考核范围暂定为 3%，由电力交易机构测算并提出建议值，经省电力市场管理委员会讨论，报湖南能源监管办、省发展改革委和省能源局批准后执行。K_1 的取值范围为 1.0～1.5，K_2 的取值范围为 0.1～1.5，K_1、K_2 的取值与当月批发市场电力用户相同。具体计算过程及算法如下：

8.7.2.3.1 根据 8.7.2.1 的 $Q_{n市场合同}$ 计算偏差电量：

$$Q_{n偏差} = Q_{n用电量} - Q_{n市场合同}$$

（1）如果 $-Q_{n市场合同} \times 0.03 \leqslant Q_{n偏差} \leqslant Q_{n市场合同} \times 0.03$，则 $Q_{n偏差1} =$

$Q_{n偏差}$，$Q_{n偏差2}=0$。

（2）如果 $Q_{n偏差}>Q_{n市场合同}\times0.03$，则 $Q_{n偏差1}=Q_{n市场合同}\times0.03$，$Q_{n偏差2}=Q_{n偏差}-Q_{n偏差1}$。

（3）如果 $Q_{n偏差}<-Q_{n市场合同}\times0.03$，则 $Q_{n偏差1}=-Q_{n市场合同}\times0.03$，$Q_{n偏差2}=Q_{n偏差}-Q_{n偏差1}$。

8.7.2.3.2 根据 8.4.4 计算市场上调均价 $P_{市场上调}$、市场下调补偿均价 $P_{市场下调}$。

8.7.2.3.3 计算偏差考核范围（含）以内的偏差电量电费：

按照 8.7.2.1 计算的购电合同均价差 $P_{n合同均价差}$ 计算偏差考核范围（含）以内的偏差电量电费，计算公式为

$$C_{n偏差1}=Q_{n偏差1}\times P_{n合同均价差}$$

8.7.2.3.4 计算偏差考核范围以外的偏差电量电费：

（1）对于正偏差电量（$Q_{n偏差2}>0$），电费计算公式为

$$C_{n偏差2}=Q_{n偏差2}\times(P_{市场上调}\times K_1-P_{燃煤发电基准价})$$

式中：$P_{市场上调}$ 为 8.4.4 计算的市场上调均价；$P_{燃煤发电基准价}$ 为市场燃煤发电基准价。

（2）对于负偏差电量（$Q_{n偏差2}<0$），电费计算公式为

$$C_{n偏差2}=Q_{n偏差2}\times(P_{n合同均价差}-P_{市场下调}\times K_2)$$

式中：$P_{市场下调}$ 为 8.4.4 计算的市场下调补偿均价。

8.7.2.3.5 以下情况导致的售电公司偏差考核范围以外的偏差考核电量，可根据售电公司的申请和有权部门的有效证明文件计算核减偏差考核电量：

（1）政府下达停产、限产通知。

（2）有序用电、电网运行方式调整。

（3）不可抗力因素。

（4）湖南能源监管办、省发展改革委和省能源局认定的其他事项。

原则上，售电公司的偏差电量核减申请及相关证明材料须在当月售电公司结算工作开始之前（即每月1日前）提交给电力交易机构，逾期不予受理。批发市场电力用户或售电公司偏差考核电量的核减办法和计算公式，详见8.8节"售电公司（批发市场电力用户）偏差考核调整"。

8.7.2.4 计算售电公司 n 的用户价差电费支出 $C_{n零售价差}$：在零售用户电量电费结算完成后，根据电网企业营销部提供的数据，将与售电公司 n 绑定购售电关系的所有零售用户的价差电费（零售价差乘以零售用户用电量）之和作为售电公司 n 的用户价差电费支出 $C_{n零售价差}$。

8.7.2.5 售电公司的总电费 $E_{n电费}$ 为购电价差电费收入 $R_{n合同价差}$、各种偏差电费支出 $C_{n偏差1}$ 和 $C_{n偏差2}$、用户价差电费支出 $C_{n零售价差}$ 之差，即：

$$E_{n电费} = R_{n合同价差} + C_{n偏差1} + C_{n偏差2} - C_{n零售价差}$$

式中：$E_{n电费}$ 为正数，售电公司亏损；$E_{n电费}$ 为负数，售电公司盈利。

8.7.2.6 售电公司根据电力交易机构出具的结算单，与电网企业财务部门进行资金结算。

8.7.3 电费退补管理

8.7.3.1 由于电能计量装置故障、技术支持系统差错或人员工作差错等原因，造成电力用户电量计量差错或售电公司结算差错的（其中电力用户计量差错的，原则上需满足单个零售电力用户差错电量大于10MWh，且差错月在电费发行后不超过3个月），在发现差错后，电力交易机构应重新进行售电公司结算计算，进行电费退补。

8.7.3.2 工作流程

（1）发现计量、结算差错后，在售电公司结算单发布后的 3 个月内，电网企业营销部门（含市供电公司营销部门）或售电公司向电力交易机构递交电量电费差错处理申请，或在电力交易平台启动电量电费差错处理流程。

（2）电力交易机构收集、审核相关资料，重新计算售电公司差错月份的结算电量电费和应退补的电量电费，编制《电量电费退补单》，并在后续最近一次电费结算时一同进行差错电费退补。售电公司结算单发布后 3 个月内未提出差错处理申请的，视同对市场化结算结果无争议，不再开展市场化交易电费差错处理。

【解读】假设 E 售电公司某月成交及实际购电情况如表 8-8 所示，售电公司购电合同均价差为 84.36 元/MWh，零售代理服务价格为 2.5 元/MWh。

表 8-8　　　E 售电公司某月成交及实际购电情况

项目	尖峰	高峰	平段	谷段	合计
合同电量（MWh）	296	289	587	446	1618
合同均价差（元/MWh）	84.79	84.68	84.77	83.34	84.36
市场化用电量（MWh）	336.648	329.289	665.935	507.730	1839.602
偏差考核电量	31.768	31.619	61.325	48.35	173.062
偏差考核电价	94.37	94.37	94.4	94.34	94.37

第一步，确定结算电量和购电价差电费：

该售电公司各个时段的市场化用电量均超过合同电量。首先结算合同电量，超出部分按正偏差结算。

购电价差电费=Σ各时段合同电量×各时段合同均价差

$$=296 \times 84.79+289 \times 84.68+587 \times 84.77+446 \times 83.34$$

$$=136499.99 \text{ 元}$$

第二步，确定3%以内的偏差电量电费：

首先确定在3%以内的偏差电量，按各时段合同电量的3%计算，则该售电公司的偏差电量：

偏差电量=Σ各时段合同电量×0.03

$$=296 \times 0.03+289 \times 0.03+587 \times 0.03+446 \times 0.03$$

$$=8.88+8.67+17.61+13.38=48.54 \text{MWh}$$

该部分偏差电量按照各时段的合同均价差进行费用结算，故：

偏差电量电费=Σ各时段偏差电量×各时段合同均价差

$$=8.88 \times 84.79+8.67 \times 84.68+17.61 \times 84.77+13.38 \times 83.34$$

$$=4095.00 \text{ 元}$$

第三步，确定3%以外的偏差电量电费：

各时段偏差考核电量电费为各时段的总偏差电量与3%以外偏差电量的差额，则尖峰、高峰、平段、低谷时段的偏差考核电量电费分别为336.648−296−8.88=31.768MWh、329.289−289−8.67=31.619MWh、665.935−587−17.61=61.325MWh、507.73−446−13.38=48.35MWh。

该部分偏差电量按照偏差考核电价进行结算，故：

偏差考核电量电费=Σ各时段偏差考核电量×偏差考核电价

$$=31.768 \times 94.37+31.619 \times 94.37+61.325$$

$$\times 94.4+48.35 \times 94.34$$

$$=16332.25 \text{ 元}$$

第四步，计算零售用户价差电费：

零售用户价差电费=市场化用电量×零售用户价差=1839.602×（84.36+2.5）=159787.83 元

第五步，确定 E 售电公司总电费：

总电费=购电价差电费收入+偏差电费支出−零售用户价差电费

=136499.99+4095.00+16332.25−159787.83

=−2860.59 元

8.8 售电公司（批发市场电力用户）偏差考核调整

根据《湖南省电力中长期交易规则（2022 年修订版）》第一百四十九条，由于政府下达停产限产通知、有序用电、电网运行方式调整、不可抗力等原因导致售电公司（批发市场电力用户）产生或增加了偏差考核电量的，可根据售电公司（批发市场电力用户）的申请和有权部门的有效证明文件调整核减偏差考核电量电费。

8.8.1 允许调整的原因及依据

8.8.1.1 政府停产限产指令

定义：根据国家环境保护、产业发展等政策要求，地方政府要求企业（电力用户）关停、短期停产、短期限产或进行环保工程改造，由此造成电力用户减少了用电量，最终导致批发市场电力用户或代理用户的售电公司产生或增加了偏差考核电量。对于政府明确关停的企业，批发市场电力用户或代理用户的售电公司应及时办理企业退市或终止交易手续，手续办理完成之前，可以对批发市场电力用户或代理售电公司核减偏差考核电量，但原则上核减时间不能超过 2 个月。

处理依据：县级及以上政府部门对企业下达的文件或相关证明应明确企业名称、停（限）产日期。

8.8.1.2 有序用电

定义：根据政府部门的有序用电方案，电力调度机构对电力用户下达了有序用电指令，由此造成电力用户减少了用电量，最终导致批发市场电力用户或代理用户的售电公司产生或增加了偏差考核电量。

处理依据：电网企业营销部门（含市供电公司营销部门）出具的证明，证明应明确用户参与有序用电的时间及影响电量等内容。

8.8.1.3 电网运行方式调整

定义：电力调度机构（省调、地调）因安全运行需要、电网事故、不可抗力、临时性重点工程及市政建设等原因调整电网运行方式，或者调整了企业自备发电机组的月度检修计划，由此影响了电力用户的用电量，最终导致批发市场电力用户或代理用户的售电公司产生偏差考核电量或增加了偏差考核电量。

处理依据：电力调度机构（含省调、地调）的相关证明，需明确电网运行方式调整的时间及影响用户电量。

8.8.1.4 不可抗力因素

定义：因不能预见、不能避免、不能克服的客观情况，如自然灾害、社会异常事件等，由此造成市场主体的实际执行与交易结果产生偏差。

处理依据：依据《湖南省电力中长期交易规则（2022 年修订版）》及《湖南省电力中长期交易实施细则（2022 版）》中明确的

不可抗力条文，售电公司提供有资质的第三方出具的认定不可抗力的有效证明。

8.8.1.5 湖南能源监管办、省发展改革委和省能源局认定的其他事项

湖南能源监管办、省发展改革委、省能源局的文件、通知、会议纪要等的办理，售电公司按需提供证明材料。

8.8.2 调整处理方法

根据不同的原因，采用以下不同的处理方法调整售电公司偏差考核电量和电费。如果售电公司存在多个允许调整偏差考核电量的原因，各种情形的偏差调整电量独立计算，但最多核减至售电公司（批发市场电力用户）当月负偏差考核电量或正偏差考核电量为 0。

8.8.2.1 重新计算偏差电量及电费

因用户提供虚假信息获得市场准入导致无法按市场化结算，或用户后期条件变化不再满足准入条件导致零售服务关系无法继续执行，由此产生的偏差电量，按照 8.8.2.2（核减负偏差考核电量、电费）办理。

8.8.2.2 核减负偏差考核电量、电费

因政府要求的停产限产、有序用电、电网运行方式调整、不可抗力等原因造成电力用户少用电（少计电量），从而造成售电公司（批发市场电力用户）未完成当月合同电量、产生负偏差考核电量的，可以核减售电公司（批发市场电力用户）的负偏差考核电量，但原则上核减的考核电量以不超过初始计算的负偏差考核电量为限度，即最多核减至当月售电公司（批发市场电力用户）负偏差考核电量为 0。

如果售电公司（批发市场电力用户）发生多项电量核减情形，可以重复核减，但最多核减至当月负偏差考核电量为 0。核减算法如下：

1．计算核减电量 $Q_{n核减电量}$

（1）如果对用户的影响少于一个完整月，核减电量 $Q_{n核减电量}$ 原则上按照实际影响用户用电天数乘以用户当月正常用电日的平均用电量计算，也可按实际影响用户用电天数乘以用户上年同月的日均用电量计算；对于企业自备发电机组月度检修时间调整原因，核减电量 $Q_{n核减电量}$ 按照自备发电机组的日均发电量（扣减厂用电量）乘以影响天数计算。

（2）如果对用户的影响是一个完整月，或用户受影响期间属于部分停产、限产状态、用户的日均用电量不能代表其月内日均用电量水平时，按照有利于售电公司的原则，选取用户前三个月的月均用电量、后三个月的月均用电量或上年同月用电量的较大值计算该月核减电量 $Q_{n核减电量}$；对于有序用电和不可抗力等原因，可以根据有权单位认定的电量计算核减电量。

（3）因负偏差考核电量为负数，按照正负抵消原则，在计算时核减电量 $Q_{n核减电量}$ 取正数。

2．计算核减电费 $C_{核减电费}$

对于负偏差考核的核减电量，其省内购电合同均价差电费不返还，仅返还负偏差考核（市场下调）电费。即核减电费金额为

$$C_{核减电费} = Q_{n核减电量} \times (-P_{市场下调}) \times K_2$$

式中：$Q_{n核减电量}$ 为正数，$P_{市场下调}$ 参考 8.4.4，K_2 参考 8.7.2。

8.8.2.3 核减正偏差考核电量、电费

因电力调度机构调整企业自备发电机组月度检修计划，从而

造成售电公司（批发市场电力用户）产生正偏差考核电量的，原则上核减的考核电量以不超过初始计算的正偏差考核电量为限度，即最多核减至售电公司（直批发市场电力用户）正偏差考核电量为 0。

如果售电公司（批发市场电力用户）发生多个核减情形，可以重复核减，但最多核减至正偏差考核电量为 0。核减算法如下：

1. 计算核减电量 $Q_{n核减电量}$

（1）如果技术上能够直接获得企业自备发电机组的实际发电量（扣减厂用电量），则按照实际电量计算核减电量 $Q_{n核减电量}$。

（2）如果技术上不能够直接获得实际电量，核减电量 $Q_{n核减电量}$ 按照影响天数乘以自备发电机组的日均发电量（扣减厂用电量）计算。

（3）因正偏差考核电量为正数，按照正负抵消原则，在计算时核减电量 $Q_{n核减电量}$ 取负数。

2. 计算核减电费 $C_{核减电费}$

对于核减的正偏差考核电量，返还正偏差考核电费，同时按其省内购电合同均价补偿电费。即核减电费金额为

$$C_{核减电费} = Q_{n核减电量} \times (P_{市场上调} \times K_1 - P_{燃煤发电基准价}) - Q_{n核减电量} \times P_{n合同均价差}$$

式中：$Q_{n核减电量}$ 为负数，$P_{市场上调}$、K_1、$P_{燃煤发电基准价}$ 的解释参考 8.4.4、8.7.2 等。

8.8.2.4　考核电量打折计算

根据湖南能源监管办、省发展改革委和省能源局的要求，因交易组织时间滞后、对售电公司偏差电量进行打折处理的，按照以下方法处理：

1. 负偏差考核电量打折计算

（1）计算核减（打折）电量。

$$Q_{n核减电量} = -Q_{n负偏差考核电量} \times (1 - K_{折扣率})$$

式中：$Q_{n负偏差考核电量}$为初始计算负偏差考核电量（不包含其他原因核减电量）；$K_{折扣率}$为核减系数。

（2）计算核减电费。仅返还负偏差考核（市场下调）电费，即核减电费金额为

$$C_{核减电费} = Q_{n核减电量} \times (-P_{市场下调} \times K_2)$$

式中：$Q_{n核减电量}$为正数，$P_{市场下调}$、K_2参考8.4.4、8.7.2。

2. 正偏差考核电量打折计算

（1）计算核减（打折）电量。

$$Q_{n核减电量} = -Q_{n正偏差考核电量} \times (1 - K_{折扣率})$$

式中：$Q_{n正偏差考核电量}$为初始计算正偏差考核电量（不包含其他原因核减电量）。

（2）计算核减电费。返还正偏差考核电费，同时按其省内购电合同均价补偿电费，即核减电费金额为

$$C_{核减电费} = Q_{n核减电量} \times (P_{市场上调} \times K_1 - P_{燃煤发电基准价}) - Q_{n核减电量} \times P_{n合同均价差}$$

式中：$Q_{n核减电量}$为负数，$P_{市场上调}$、K_1、$P_{燃煤发电基准价}$参考 8.4.4、8.7.2 等。

8.8.3 工作流程

8.8.3.1 售电公司（批发市场电力用户）向电力交易机构递交偏差考核电量电费调整申请，详细说明申请调整事项、调整依据及调整月份，并根据8.8.1的要求提供证明材料。

8.8.3.2 电力交易机构审核售电公司（批发市场电力用户）偏差考核电量电费调整申请，收集相关资料，计算售电公司（批发市场电力用户）调整电量、电费，编制《电量电费退补（偏差考核电量电费调整）单》。

8.9　代理购电电网企业结算

代理购电电网企业结算原则上每月结算一次，按月清算。电力交易机构在收到电网企业营销部门的代理购电用户电量电费结算数据后，在 5 个工作日内完成电网企业代理购电电量电费计算，并出具结算单。

代理购电电网企业结算与市场主体执行统一的市场规则，其中代理购电偏差电量的偏差电价暂按合同均价结算。若国家和湖南省有新的规定，则按新规定执行。

电网企业 w 代理购电的偏差考核范围（含）以内的偏差电量电费为 $C_{w偏差1}$，偏差考核范围以外的偏差电量电费为 $C_{w偏差2}$，纳入清算范畴。

电网企业代理购电偏差电量产生的偏差费用由代理购电用户共同承担。

8.10　批发市场电费清算

8.10.1　概述

根据《湖南省电力中长期交易规则（2022 年修订版）》第一百五十一条规定，每月发电企业、电力用户、售电公司和代理购电电网企业的交易结算计算完成后，电力交易机构开展批发市场电费清算。

以下费用纳入月度清算：

（1）发电企业下调电量造成的资金差额（包括下调补偿电费

和未执行交易合同价差电费)。

（2）发电企业上调电量产生的价差资金差额。

【解读】发电企业下调可以得到补偿电费，这一部分资金纳入市场清算由市场主体分担。除此之外，由于发电侧与用电侧解耦结算，并不按合同一一对应结算，因此发电企业下调或上调都可能产生资金差额。例如 A 火电厂与 B 用电企业签订了 100 万 kWh 的用电合同，实际运行中，由于风电或水电超合同或计划发电等原因，A 火电厂该合同仅完成 50 万 kW，而 B 用电企业按实际用电以合同价格结算了 100 万 kWh 电量，造成 A 火电厂电量下调的电厂与 A 火电厂存在合同价格差异，因此在整个市场中出现价差资金，且在中长期市场无法厘清具体是哪些电厂造成 A 火电厂下调，故这部分资金纳入市场清算由市场主体分摊或分享。

（3）发电企业自身原因偏差电量（超发电量或少发电量）产生的考核资金差额。

（4）参与湖南市场交易的跨省跨区偏差电量产生的考核资金。

（5）批发交易用户（包括售电公司、批发市场电力用户、代理购电电网企业)偏差电量产生的偏差考核费用和价差资金差额。

（6）经市场管理委员会讨论，报湖南能源监管办、省发展改革委、省能源局批准后的其他资金。

8.10.2 电费清算

8.10.2.1 下调服务资金差额 $R_{下调服务}$

（1）下调服务产生两部分成本：提供下调服务发电企业的补偿成本、提供下调服务发电企业的未执行合同的价差电费，其中，市场化交易合同产生价差电费，优先发电合同不产生价差电费。

（2）下调服务补偿成本 $C_{下调补偿}$ 的计算方法为

$$C_{下调补偿} = \sum_{t=1}^{T} R_{i下调结算} + \sum_{t=1}^{T} R_{j下调结算}$$

式中：$R_{i下调结算}$ 为 8.4.2.7 火电企业 i 在结算月 T 天内的每日下调补偿电费；$R_{j下调结算}$ 为 8.4.3.8 其他发电企业 j 在结算月 T 天内的每日下调补偿电费。

下调合同的价差电费 $C_{下调价差电费}$ 的计算方法为

$$C_{下调价差电费} = \sum_{t=1}^{T} C_{i下调价差电费} + \sum_{t=1}^{T} C_{j下调价差电费}$$

式中：$C_{i下调价差电费}$ 为 8.4.2.7 火电企业 i 在结算月 T 天内的每日下调价差电费；$C_{j下调价差电费}$ 为 8.4.3.8 其他发电企业 j 在结算月 T 天内的每日下调价差电费。

（3）下调服务资金差额 $R_{下调服务}$ 的计算方法为

$$R_{下调服务} = C_{下调价差电费} - C_{下调补偿}$$

式中：$C_{下调补偿}$ 为本节计算的下调服务补偿成本；$C_{下调价差电费}$ 为本节发电企业下调合同的价差电费。

8.10.2.2 上调价差资金差额 $R_{上调价差}$

（1）燃煤火电上调价差差额 $R_{i上调价差}$ 的计算方法为

$$R_{i上调价差} = \sum_{i=1}^{I} Q_{i上调结算} \times (P_{i燃煤发电基准/批复} - P_{i上调结算})$$

式中：$Q_{i上调结算}$ 为 8.4.2.5 火电企业 i 的上调结算电量；$P_{i燃煤发电基准/批复}$ 为燃煤发电基准价/非燃煤发电基准价电源的上网批复价；$P_{i上调结算}$ 为 8.4.2.5 火电企业 i 的上调结算电价。

（2）其他发电企业上调价差差额 $R_{j上调价差}$。

$$R_{j上调价差} = \sum_{j=1}^{J} Q_{j上调结算} \times (P_{j批复} - P_{j上调结算})$$

式中：$Q_{j上调结算}$ 为 8.4.3.6 发电企业 j 的上调结算电量；$P_{j批复}$ 为其

他发电企业上网批复价；$P_{j上调结算}$ 为 8.4.3.6 其他发电企业 j 的上调结算电价。

（3）发电企业上调电量价差资金差额 $R_{上调价差}$。

$$R_{上调价差} = R_{i上调价差} + R_{j上调价差}$$

8.10.2.3 发电企业自身原因偏差电量（超发电量或少发电量）产生的考核资金差额 $R_{发电侧考核}$

$$R_{发电侧考核} = -\left(\sum_{i=1}^{I} R_{i超发考核} + \sum_{i=1}^{I} R_{i少发考核} + \sum_{j=1}^{J} R_{j超发考核} + \sum_{j=1}^{J} R_{j少发考核} \right)$$

式中：$R_{i超发考核}$ 为 8.4.2.4 燃煤火电企业 i 的超发考核费；$R_{i少发考核}$ 为 8.4.2.6 燃煤火电企业 i 的少发考核费；$R_{j超发考核}$ 为 8.4.3.5 其他发电企业 j 的超发考核费；$R_{j少发考核}$ 为 8.4.3.7 其他发电企业 j 的少发考核费。

8.10.2.4 参与湖南市场交易的跨省跨区偏差电量产生的考核资金 $R_{跨省跨区偏差}$

跨省跨区交易在省间市场偏差电量考核按省间市场交易规则执行。

$$R_{跨省跨区偏差} = R_{北交结算}$$

式中：$R_{北交结算}$ 为北京电力交易中心发布的结算单中省间市场交易偏差考核电费。

8.10.2.5 批发交易用户偏差电量产生的偏差考核费用和价差资金差额

（1）批发交易用户偏差考核费用 $R_{批发交易用户考核}$。

$$R_{批发交易用户考核} = \sum_{m=1}^{M} C_{m偏差2清算} + \sum_{n=1}^{N} C_{n偏差2} + \sum_{w=1}^{W} C_{w偏差2}$$

式中：$C_{m偏差2清算}$ 为 8.5.4.4 计算的批发市场电力用户 m 偏差考核

范围以外的偏差电量清算电费；$C_{n偏差2}$ 为 8.7.2.3.4 计算的售电公司 n 偏差考核范围以外的偏差电量电费。$C_{w偏差2}$ 为 8.9 节中的电网企业 w 代理购电的偏差考核范围以外的偏差电量电费。

（2）批发交易用户价差资金差额 $R_{批发交易用户价差}$。

$$R_{批发交易用户价差} = \sum_{m=1}^{M} C_{m偏差价差1} + \sum_{n=1}^{N} C_{n偏差1} + \sum_{w=1}^{W} C_{w偏差1}$$

式中：$C_{m偏差价差1}$ 为 8.5.4.3 批发市场电力用户 m 偏差考核范围（含）以内的偏差电量价差电费；$C_{n偏差1}$ 为 8.7.2.3.3 售电公司 n 偏差考核范围（含）以内的偏差电量电费；$C_{w偏差1}$ 为 8.9 节中的电网企业 w 代理购电的偏差考核范围（含）以内的偏差电量电费。

8.10.2.6　其他资金 $R_{其他}$

经市场管理委员会讨论，报湖南能源监管办、省发展改革委、省能源局批准后的其他资金。

8.10.2.7　计算市场电费清算结果 $E_{市场清算}$

市场电费清算结果为以下调服务费 $R_{下调服务}$、上调价差费用 $R_{上调价差}$、发电侧考核费用 $R_{发电侧考核}$、跨省跨区交易电量偏差考核费用 $R_{跨省跨区偏差考核}$、批发交易用户考核费 $R_{批发交易用户考核}$、批发交易用户价差费用 $R_{批发交易用户价差}$ 6 项费用之和，数值为正表示盈余，数值为负表示亏损。

$$E_{市场清算} = R_{下调服务} + R_{上调价差} + R_{发电侧考核} + R_{跨省跨区偏差考核}$$
$$+ R_{批发交易用户考核} + R_{批发交易用户价差} + R_{其他}$$

8.10.2.8　市场电费清算结果 $E_{市场清算}$ 分配方法

根据中长期交易规则，月度清算费用如有盈余或亏空，按照当月参与市场交易的发电侧市场主体（若水电企业直接参与或以电量匹配等方式参与了当月市场交易则全电量参与清算，若水电企业未参与当月市场交易则不参与清算）上网结算电量（不含发电企业售外省电量）、工商业用户用网电量占比分摊或者返还给所有市场主体，月结月清。

总清算电费由工商业用户分摊电费 $R_{\text{工商业用户分摊电费}}$ 和发电侧市场主体分摊电费 $R_{\text{发电侧市场主体分摊电费}}$ 组成，交易机构负责计算工商业用户分摊电费和发电侧市场主体分摊电费 $R_{n\text{发电侧市场主体分摊电费}}$ 并出具结算依据。

如发电侧市场主体上网电量 $Q_{n\text{发电侧市场主体上网电量}}$、工商业用户用网电量 $Q_{n\text{工商业用户用网电量}}$ 当月有跨月退补电量时，跨月退补电量不计入当月上网电量统计以及不再进行还原清算计算。

$$R_{\text{工商业用户分摊电费}} = E_{\text{市场清算}} - R_{\text{发电侧市场主体分摊电费}}$$

$$R_{\text{发电侧市场主体分摊电费}} = \Sigma Q_{n\text{发电侧市场主体上网电量}} \div (\Sigma Q_{n\text{工商业用户用网电量}}$$
$$+ \Sigma Q_{n\text{发电侧市场主体上网电量}}) \times E_{\text{市场清算}}$$

$$R_{n\text{发电侧市场主体分摊电费}} = Q_{n\text{发电侧市场主体上网电量}}$$
$$\div \Sigma Q_{n\text{发电侧市场主体上网电量}} \times R_{\text{发电侧市场主体分摊电费}}$$

【解读】假设 A 火电企业十二月成交及实际发电情况如表 8-9 所示，其下调补偿价格为 0 元/MWh，燃煤发电基准价为 450 元/MWh，计算 A 燃煤火电厂的清算费用步骤如下：

表 8-9　　　　A 火电企业十二月成交及实际发电情况

项目	尖峰	高峰	平段	谷段	总量
抄见电量（MWh）	101048.58	96765.93	198438.25	121055.6	517308.36
合同电量（MWh）	92120	91674	181194	137310	502298
结算电量（MWh）	92120	91674	181194	121055.6	486043.6
合同均价（元/MWh）	539.34	539.33	539.34	539.31	539.33
合同均价差（元/MWh）	89.34	89.33	89.34	89.31	89.33
上调价差（元/MWh）	89.06	89.06	89.09	89.03	89.08

第一步，确定 A 火电厂纳入清算的上调费用和下调费用。

A 火电厂在尖峰、高峰、平段发生上调，因此，尖峰、高峰、平段的结算电量按合同均价结算，上调电量按上调价格结算，上调电量价差资金差额纳入市场清算。

以尖段为例，上调电量=结算电量−合同电量=101048.58−92120=8928.58MWh。

上调电量价差资金差额=上调电量×（燃煤发电基准价或批复价−上调结算电价）=8928.58×[450−（450+89.06）]=−795179.33 元。

同理，计算高峰、平段上调电量价差资金差额分别为−453487.29 元、−1536290.23 元。

A 火电厂在谷段发生下调，因此，谷段的结算电量先按合同均价结算，下调电量进行下调补偿结算，下调补偿电费、下调价差电费纳入市场清算。

下调电量=谷段合同电量−谷段结算电量=137310−121055.6=16254.4MWh。

下调电量补偿电费=下调电量×下调补偿价格=0 元。

下调电量价差电费=未完成的市场交易合同电量×月合同均价差=16254.4×89.33=1452005.55 元。

A 火电厂当月纳入清算的上调费用和下调费用合计为−795179.33−453487.29−1536290.23+0+1452005.55=−1332951.30 元。

以此类推，计算所有发电企业应纳入清算的上调费用和下调费用。

第二步，确定 A 火电厂纳入清算的考核费用。

本算例中，A 火电厂未发生因自身原因导致的超发或少发电量，考核费用为 0。

以此类推，计算所有发电企业应纳入清算的考核费用。

第三步，计算参与湖南市场交易的跨省跨区偏差电量产生的考核资金、批发交易用户（包括售电公司、批发市场电力用户、代理购电电网企业）偏差电量产生的偏差考核费用和价差资金差额、其他资金等。

第四步，计算总清算电费，数值为正表示盈余，数值为负表示亏损。

第五步，计算发电侧应参与清算分摊的总电量和发电侧总清算费用。

根据当月参与市场交易的发电侧市场主体上网结算电量、向外省售出电量，计算发电侧清算分摊总电量，发电企业售外省电量不参与清算分摊。

按发电侧市场主体上网结算电量、工商业用户用网电量占比计算出发电侧总清算费用。发电侧某月市场清算费用情况见表8-10。

表8-10　　　　　发电侧某月市场清算费用情况　　　　单位：元

项目	尖峰	高峰	平段	谷段	合计
发电侧总清算费用	−8986367.12	−1951320.48	−13825413.23	14169048.93	−10594051.9
发电侧分摊总电量	1986663.284	1833849.177	3800330.831	2442624.66	10063467.95

第六步，确定 A 火电厂的清算分摊电量及分摊电费。

A 火电厂各时段的清算分摊比例 =（该时段 A 火电厂的结算电量−该时段 A 火电厂的省间交易外售电量）/（该时段发电侧所

有的结算电量–该时段发电侧所有的省间交易外售电量）。

则 A 火电厂清算费用=各时段发电侧总清算费用×清算分摊比例+各时段下调电量补偿电费。

按照上述计算公式，计算得出 A 火电厂的分摊电量和分摊电费，A 火电厂某月市场清算分摊情况见表 8-11。

表 8-11　　　　　　A 火电厂某月市场清算分摊情况　　　　　单位：元

项目	尖峰	高峰	平段	谷段	合计
A 火电厂分摊电量	101048.58	96765.93	198438.25	121055.6	517308.36
A 火电厂清算分摊电费	−457077.77	−102964.49	−721908.42	702212.97	−579737.71
A 火电厂下调补偿电费	0	0	0	0	0

A 火电厂该月结算的清算电费为 579737.71 元。

第七步，计算工商业用户总清算费用（内容略）。

⑨ 信息披露

本章主要包括信息分类、市场成员信息披露内容，以及信息披露、管理、保密要求等。

9.1 概述

9.1.1 市场成员应遵循及时、准确、完整的原则，披露有关电力市场信息。对其披露信息的真实性、准确性、完整性和及时性负责。依法依规实施诚信管理，违反信息披露有关规定的，纳入失信企业名单，问题严重的，可按照有关规定取消市场准入资格，依法依规予以处理。

【解读】电力市场信息披露制度是市场规范运行的有效保障。为更好实现市场配置资源的决定性作用，进一步提升电力市场信息公开度和透明度，维护市场主体合法权益，规范开展电力市场信息披露工作，向电力市场传递清晰有效的信号，为市场成员决策提供充分的支撑，是保障电力市场平稳高效运行的重要条件。

9.1.2 电力交易机构负责市场信息的管理和发布，会同电力调度机构按照市场信息分类及时向社会以及市场主体发布，并定期向湖南能源监管办、省发展改革委和省能源局报告有关信息披露情况。

市场主体、电力调度机构应及时向电力交易机构提供支撑市场交易开展所需的数据和信息。

9.2 信息分类

9.2.1 市场信息分为公众信息、公开信息和私有信息。公众信息指向社会公众发布的数据和信息。公开信息指向所有市场成员公开的数据和信息。私有信息指特定的市场成员有权访问且不得向其他市场成员公布的数据和信息。

9.2.2 社会公众信息包括但不限于：

（1）电力交易适用的法律、法规以及相关政策文件，电力交易业务流程、管理办法等。

（2）国家批准的发电侧上网电价、销售目录电价、输配电价、各类政府性基金及附加、系统备用费以及其他电力交易相关收费标准等。

（3）电力市场运行基本情况包括各类市场主体注册情况，电力交易总体成交电量、价格情况等。

（4）电网运行基本情况包括电网主要网络通道的示意图、各类型发电机组装机总体情况、发用电负荷总体情况等。

（5）电网企业代理购电信息包括电网企业代理用户分月总电量预测，相关预测数据与实际数据偏差，采购电量电价结构及水平，代理购电用户电价水平及构成，代理购电用户电量和电价执行情况等。

（6）其他政策法规要求向社会公众公开的信息。

9.2.3 市场公开信息包括但不限于：

（1）市场主体基本信息。市场主体注册、准入、退出情况，包括企业名称、统一社会信用代码、联系方式、信用评价信息等。

（2）发电设备信息。发电企业的类型、所属集团、装机容量、检修停运情况、项目投产（退役）计划、投产（退役）情况等。

（3）电网运行信息。电网安全运行的主要约束条件、电网重要运行方式的变化情况，电网各断面（设备）、各路径可用输电容量，必开必停机组组合和发电量需求，以及导致断面（设备）限额变化的停电检修等。

（4）市场交易类信息。年、季、月电力电量平衡预测分析情况，电网企业保障居民、农业用电量及代理购电总电量预测，优先发电量安排，可再生能源发电企业、跨区跨省送入可交易电量，以及交易总电量安排、计划分解，各类交易的总成交电量和成交均价，安全校核结果以及原因等。

（5）交易执行信息。交易计划执行总体情况，计划执行调整以及原因，市场干预情况等。

（6）结算类信息。合同结算总体完成情况，月度清算差额资金的盈亏和分摊情况，新增损益以及分摊或分享情况等。

（7）其他政策法规要求对市场主体公开的信息。

9.2.4 市场私有信息主要包括：

（1）设备参数信息。发电机组的机组特性参数、性能指标，电力用户用电特性参数和指标。

（2）申报信息。各市场主体的市场交易申报电量、申报电价等交易申报信息。

（3）交易信息。各市场主体的各类市场交易的成交电量以及成交价格等信息。

（4）合同结算信息。各市场主体的市场交易合同以及结算明细信息。

（5）代理购电信息。电网企业代理购电用户电量、电价、电费及其他等明细信息。

【解读】该部分明确了电力市场所需各类信息条目，区分披露信息范围中接收信息的对象，按照信息披露范围分为公众信息、公开信息和私有信息。

9.3 市场成员信息披露

9.3.1 电力用户信息披露

9.3.1.1 公众信息：企业名称、法定代表人、企业类型、注册资本、股权结构、经营范围、隶属关系、成立日期、企业地址、联系方式、相关登记证号和许可证号等。

9.3.1.2 公开信息：企业信用等级、用电电压等级、用电类别、接入地区、供电方式、自备电源、用电容量、产品电力单耗、用电负荷率、电费欠缴情况，电力中长期交易需求信息、电力中长期交易电量完成情况等。

9.3.1.3 私有信息：电量清算情况、电费结算情况、电价信息、最大生产能力、投产时间（不应向同类别企业竞争者披露）等。

9.3.2 售电公司信息披露

9.3.2.1 公众信息：企业名称、法定代表人、企业类型、股权结构、资产证明、注册资本、资产总额、经营范围、隶属关系、成立日期、企业地址、联系方式、相关登记证号和许可证号、交易员信息、从业人员、经营场所和设备等。拥有运营配电网的售电公司还应披露：电力业务许可证（供电类）、配电网电压等级、供电范围、配电价格。

9.3.2.2 公开信息：企业信用等级、代理电力用户及其电力中长期交易需求、电力中长期交易电量完成情况。

9.3.2.3 私有信息：年度资产总额、年度负债总额、年度营业收入、年度净利润；电量结算情况、电费清算情况、电价信息、结算开票信息等。售电公司应将批发市场购电信息（包括每月的购电量、购电均价等）、批发市场结算信息（包括偏差电量、偏差电费等）及时告知与之有购售电关系的零售用户。拥有配电网运营权的售电公司还应披露运营配电网的接线示意图、重要配变电设备的检修、改造计划安排情况、配变电设备故障、非计划停运及其影响情况。

9.3.3 发电企业信息披露

9.3.3.1 公众信息：企业名称、法定代表人、企业类型、注册资本、经营范围、隶属关系、成立日期、企业地址、联系方式、相关登记证号和许可证号等。

9.3.3.2 公开信息：发电企业信用等级、机组台数、单机容量、总装机容量、接入地区、接入电压等级、调度关系、投产日期、政府批复上网电价、最大和最小技术出力，机组检修计划、发电运行及停备情况、设备故障及原因、环保设施运行情况，已签合同电量、电力中长期交易电量完成情况等。

9.3.3.3 私有信息：发电机组特性参数、各机组中标电量、中标电价，电量结算情况、电费清算情况、市场化电价信息等。

9.3.4　电网企业信息披露

9.3.4.1　公众信息

（1）企业基本信息。包括企业名称、法定代表人、企业类型、注册资本、经营范围、隶属关系、成立日期、企业地址、联系方式、相关登记证号和许可证号、相关信用等级等。

（2）国家批准的发电侧上网电价、销售目录电价、输配电价、各类政府性基金及附加、系统备用费以及其他电力交易相关收费标准等。

（3）供电服务信息。包括提供服务能力，以及保底服务、普遍服务信息等。

（4）电网企业代理购电信息。包括电网企业代理用户分月总电量预测，相关预测数据与实际数据偏差，采购电量电价结构及水平，代理购电用户电价水平及构成，代理购电用户电量和电价执行情况等。

9.3.4.2　公开信息

（1）年度电力供需预测，与电力中长期交易相关的输配电设备最大允许容量、预测需求容量、约束限制的依据等。

（2）因电网安全约束限制电力中长期交易的具体输配线路或输变电设备名称、限制容量、限制依据，该输配电设备上其他用户的使用情况、约束时段等。

（3）电网线路、变电站等检修计划及非计划检修说明。

（4）电力中长期交易合同电量及执行、电量清算、电费收支情况、新增损益以及分摊或分享情况等。

（5）有序用电情况。

（6）三方电费结算补充协议模板、签订流程和服务指南、业务联系人和联系电话，各市州供电分公司业务问题反馈联系人、联系方式，结算开票时间、开票信息、发票接收地址、联系人、联系方式。

9.3.4.3　私有信息

（1）电力用户用电信息。包括电力用户月度实际电量数据，电力用户历史电量数据，售电公司与其零售用户的结算执行情况等。

（2）代理购电信息。包括电网企业代理购电用户电量、电价、电费及其他等明细信息。

9.3.5　电力调度机构信息披露

9.3.5.1　公众信息： 基本信息（包括机构名称、负责人、调度范围、隶属关系、联系方式），电力调度相关法规、标准等。

9.3.5.2　公开信息：

（1）年（月）调度信息。包括次年（月）设备投产和退役计划及上年（月）实际情况；次年（月）电力电量平衡计划、设备检修计划及上年（月）实际情况；年（月）优先发用电情况；年（月）电网阻塞情况、原因及措施；年（月）可再生能源电厂受阻电量及原因；年（月）主要输电断面最大潮流、平均潮流；年（月）跨省跨区电力电量交换情况；年（月）发电设备利用情况、机组负荷率情况；年（月）发电、电网设备故障情况；年（月）并网发电厂运行考核。

（2）日调度信息。包括次日全网负荷预测情况、全网发电预测情况、各电厂发电计划情况、关键输电断面预测情况、省际联络线预测情况；当日全网负荷情况、全网发电情况、各电厂发电量情况、关键输电断面情况、省际联络线情况；电力系统实时电力平衡情况等。

（3）市场干预情况。

（4）年（月）电网运行方式。

9.3.5.3　私有信息：电力系统地理接线图。

9.3.6　电力交易机构信息披露

9.3.6.1　公众信息：基本信息（包括机构名称、职能、章程、负责人、成立日期、组织机构、职责分工及相关制度、相关登记证号、地址与联系方式），电力交易相关法规、业务规则，服务规范，政府批准的电力交易收费标准等。

9.3.6.2　公开信息：市场主体注册信息，交易供需信息，交易品种、周期、方式，报价方式、出清规则、时限要求，无约束出清情况，有约束出清情况，成交总量、最高价、最低价、平均价等成交信息；市场运行情况，年（月、日）交易计划与执行情况，发电企业年（月）发电量、利用小时情况，电量、电费结算信息，市场主体信用记录、负面清单、黑名单，市场干预情况等。

9.3.6.3　私有信息：各市场主体的各类交易完成前的成交电量及成交价格、各市场主体的申报电量和申报价格、结算信息等；各市场主体交易电量、交易电价，电量清算情况、电费结算情况、市场化电价信息。电力交易机构可以按照湖南能源监管办的要求，告知零售用户与之有购售电关系的售电公司的批发市场购电信息和结算信息，包括每月的批发市场购电量、购电均价、结算偏差电量、结算偏差电费等。

【**解读**】该部分中将电力用户、售电公司、发电企业、电网企业、电力调度机构、电力交易机构按公众信息、公开信息和私有信息分别列出具体应披露的信息，各市场成员应按照此内容进行信息准备，按披露途径规范披露信息。

9.4 信息管理及保密

9.4.1 在确保安全的基础上，电力市场信息主要通过电力交易平台、电力交易机构门户网站进行披露。

电力交易机构负责电力交易平台、电力交易机构网站的建设、管理和维护，并为其他市场主体通过电力交易平台、电力交易机构网站披露信息提供便利。电力交易平台、电力交易机构网站安全等级应当满足国家信息安全三级等级防护要求。

【解读】市场信息主要通过电力交易平台、电力交易机构网站披露，也可通过交易信息发布会、电力交易大厅、电力交易中心微信公众号、e-交易、短信通知以及便于及时信息披露的其他方式。

9.4.2 市场主体如对披露的相关信息有异议或疑问，可向电力交易机构、电力调度机构提出，由电力交易机构、电力调度机构负责解释。

9.4.3 信息公开与披露必须严格遵守国家有关信息保密的有关规定。市场运营机构应保证私有数据信息在保密期限内的保密性。

9.4.4 湖南能源监管办根据实际，制定湖南电力市场信息披露管理办法并监督实施。

【解读】该部分明确信息披露平台的建设和运维管理的责任由电力交易机构承担。电力交易机构总体负责组织市场信息披露实施，设立信息披露平台，制定信息披露标准格式。若对相关信息有异议或疑问，由市场运营机构负责解释说明或者提供相关资料。任何市场成员严禁违规获取或者泄露未经授权披露的信息，未经许可不得公开发表可能影响市场成交结果的言论。市场运营机构对私有数据信息应严格进行保密。对于市场主体在信息披露方面的异议或疑问，提出解决流程和解决方式；对于违法违规行为，按照有关规定采取监管措施。

⑩ 违约与争议处理

10.1 概述

本章主要包括市场争议、征信管理、扰乱市场秩序行为、争议处理等内容。

《湖南省电力中长期交易规则（2022 年修订版）》所指争议是市场成员之间的下列争议：

（1）注册或注销市场主体资格的争议。

（2）市场成员因行使权利或履行义务发生的争议。

（3）市场交易、计量、考核或结算的争议。

（4）其他方面的争议。

【解读】该条款是对规则所涉及潜在争议的界定。

（1）项所述争议范围涉及：拟参加电力交易的市场主体应满足 2.2 节所述准入条件，遵循 2.3 节所述市场注册程序进行注册，并于需要时基于 2.4 节所述注册信息变更内容，提交信息变更申请，按照有关规定履行承诺、公示、注册、备案等相关手续，自愿注册成为合格的市场主体。市场主体因故需退出市场的，应基于 2.5 节的要求，经政府相关部门批准后，准许或强制市场主体注销注册，并承担相应责任义务。

（2）项所述争议范围涉及：市场成员的权利与义务由《湖南

省中长期交易规则（2022 年修订版）》规定，含发电企业的权利和义务、电力用户的权利和义务、售电公司的权利和义务、电网企业的权利和义务、电力交易机构的权利和义务、电力调度机构的权利和义务，各市场成员应遵照执行。

（3）项所述争议范围涉及：市场主体计量装置应按照 8.2 节设置；计量数据采集及报送应满足 8.3 节所述要求进行；发电企业合同结算、补偿、偏差电量结算应参照 8.4 节要求进行；批发用户、零售用户相关结算参照 8.6～8.7 节要求进行；售电公司结算及偏差考核参照 8.7～8.8 节要求进行，代理购电企业参照 8.9 节进行；批发市场电费清算参照 8.10 节要求进行。

（4）其他方面争议涉及：《湖南省中长期交易规则（2022 年修订版）》所规定的交易流程各环节中可能存在的各类市场成员争议。

10.2 征信

市场主体必须依法依规、诚实守信地参与交易和执行交易结果。电力交易机构应建立市场主体征信档案；市场主体发生违规行为且受到处罚，包括被湖南能源监管办责令整改的，应记入其征信档案。

【解读】该条款规定了市场主体的违约管理机制。市场主体征信档案在政府主管部门指导下由本省电力交易机构统一管理，电力交易机构依法确立市场主体征信档案管理办法及失信主体处理措施，基于征信档案电力交易机构有权对失信市场主体采取包括但不限于提醒警告、限制交易、强制注销等措施。

10.3　诉讼

发生争议时，市场成员可自行协商解决，协商无法达成一致时可提交由湖南能源监管办、省发展改革委、省能源局调解处理，也可提交仲裁委员会仲裁或者向人民法院提起诉讼。

10.4　扰乱市场秩序

市场成员扰乱市场秩序，出现下列违规行为的，由湖南能源监管办会同省级相关电力管理部门查处：

（1）提供虚假材料或者以其他欺骗手段取得市场准入资格。

（2）滥用市场力，恶意串通、操纵市场。

（3）不按时结算，侵害其他市场主体利益。

（4）电力交易机构或电力调度机构对市场主体有歧视行为。

（5）提供虚假信息或违规发布信息。

（6）其他严重违反市场规则的行为。

【解读】本部分对市场成员扰乱市场秩序的行为进行了界定。

（1）项所述条目指市场主体不满足《湖南省电力中长期交易规则（2022 年修订版）》2.2 节所述准入条件或不具备相关证明条件的，通过提供虚假材料、违反正常注册流程等欺骗手段取得市场准入资格的行为。

（2）项所述条目指市场成员通过违法违规手段滥用市场力、串通交易、合谋获利、场外返还服务费、操纵市场价格、影响其他主体合法权益等行为。

（3）项所述条目指市场成员未按结算时限完成结算而导致其他市场主体利益受损的行为。

（4）项所述条目指电力交易机构、电力调度机构违反"公平、公正、公开"的原则，在市场注册、市场成员责任分担、购售电合同履行等方面对部分市场主体存在偏袒或歧视行为。

（5）项所述条目指市场成员违反了信息披露及时、准确、完整的原则，提供了虚假或不准确、不完整的披露信息。

（6）项所述条目为上述未提到的违反法律法规、扰乱市场秩序、违反市场规则的行为。

10.5 处理主体

电力交易机构负责协助湖南能源监管办、省发展改革委和省能源局处理市场主体的违约和争议。

10.6 处罚

对于市场成员的违约争议行为，湖南能源监管办按照《行政处罚法》《电力监管条例》《电力市场监管办法》等法律法规有关规定实施处罚。

【解读】依据我国相关法律的规定，违约责任承担的方式包括继续履行、采取补救措施或者赔偿损失等，争议解决的方式包括协商、仲裁、诉讼等。对于市场主体的违约和争议行为，由湖南能监办依法进行处理、处罚。

⑪ 市场运营监控和风险防范

本章主要包括市场运营监控、市场中止、市场干预、应急处置、市场恢复有关要求。

11.1 市场运营监控

电力交易机构、电力调度机构应根据有关监管要求，加强对市场运营情况的监控分析，发现异常情况，及时向湖南能源监管办报告，并定期报送市场运营分析报告。市场运营监控分析报告内容包括但不限于：市场报价和运行情况；市场成员执行市场交易规则情况；市场主体在市场中份额占比等市场结构化指标；网络阻塞情况；非正常报价等市场异常事件；市场风险防范措施和风险评估情况；市场规则修订建议等。

【解读】电力交易机构、电力调度机构应根据有关监管要求，将相关信息系统接入电力监管信息系统，对市场成员行为、市场环境、市场风险等因素进行合法监管并向湖南能源监管办定期报送市场运营分析报告。市场成员及其他单位和个人发现市场异常情况，可向湖南能源监管办投诉或举报。

发电企业与其关联售电公司发生的交易属于关联交易。关联交易应当遵循公平合规、诚实信用的原则，不得排斥和歧视非关联售电公司。拒绝交易、捂量惜售、价差压制等均为交易歧视。

【解读】发电企业与其关联售电公司的关联交易中，交易双方法律地位平等。售电市场是典型的"买方市场"，用户考虑买谁家的电，价格是其筛选合作方的最核心指标。在实际交易中出现的，背靠电厂的发售一体售电公司，可以签到较为足量的中长期电量，而独立售电公司签不到中长期协议或需要付出一定"中介费"的行为即属于交易歧视行为。售电公司遭遇歧视行为时可行使正当权利向监管部门举报。

禁止售电公司以不正当竞争或操纵串联的方式争取零售用户。不正当竞争行为和操纵串联行为认定相关办法另行制定。

【解读】为保障用户合法权益。各售电公司要严格按政策及规则要求，指导协助所代理电力用户及时有序参与市场化交易，不得私自操控所代理电力用户的交易账号，不得利用控制力操纵市场，不得擅自泄露用户信息；严格按照零售合同约定的结算模式进行结算，切实保障电力用户合法权益。

不正当竞争行为案例1：某省电力市场，曾出现过一起"售电公司假冒大用户，致电并书面向省经信委、市经信委报告，要求退出当年电力直接交易"的事件。此类严重扰乱市场秩序的行为，最终被电力交易中心发现，并予以公开通报。

不正当竞争行为案例2：某省电力交易中心曾接到举报，有少数人员假冒交易中心，向电力用户了解用电情况，并向其推荐售电公司。同期，该省内某售电公司也发布《声明》称，少数不法分子以其电力销售有限公司名义向客户发出不实价格信息，旨在扰乱市场，混淆视听，以便从中牟利。

电力交易机构对售电不正当竞争行为予以警告，责令改正，并记入诚信档案，并及时报告能源监管机构和政府相关部门。

【解读】国家能源局发布《关于加强电力中长期交易监管的意见》提出了规范制定市场交易规则、规范组织市场交易等多方面内容。要求市场主体按照市场交易规则等有关规定进入和退出电力市场，向电力交易机构提交市场交易合同，参与市场交易；严禁不正当竞争，串通报价等违规交易行为。

为促进湖南电力市场健康有序发展，防范交易欠费风险，建立售电公司履约保函制度。根据售电公司交易规模和交易情况，确定其履约保函额度，具体办法另行制定。

【解读】售电保函是指担保人为售电企业向电网出具的保证售电企业按照交易中心出具的结算依据，及时、足额与电网企业结算相关费用的书面承诺文件。一旦售电企业未按照合同约定履行义务时，由担保人履行担保责任，其所提交的保函将为电网企业用于清算相关欠费；履约保证保险是指售电企业购买的用于在合同履约过程中作为履约保证金功能使用的保险。一般来说，履约保函应包含担保作用、担保期限、担保额度、担保方式等。开具履约保函的银行、保险公司或非银行金融机构原则上限于国有商业银行、全国性股份制商业银行、省内区域性股份制商业银行、企业集团内部开设的具有相关资质的财务公司及全国性的保险公司，其中企业集团内部财务公司开具的保函仅限本集团成员单位之间的保函业务。

11.2　市场中止

当出现以下情况时，根据事件影响范围和严重程度，湖南能源监管办会同省发展改革委、省能源局可以作出中止市场的决定，并向电力市场主体公布中止原因：

（1）电力市场未按照规则运行和管理的。

（2）电力市场运营规则不适应电力市场交易需要，必须进行重大修改的。

（3）电力市场交易发生恶意串通操纵市场的行为，并严重影响交易结果的。

（4）电力交易平台、调度自动化系统、数据通信系统等发生重大故障，导致交易长时间无法进行的。

（5）因不可抗力因素导致市场交易不能正常开展的。

（6）电力市场发生其他严重异常情况的。

【解读】市场中止案例，2021 年 4 月 15 日 12 时 30 分至 14 时 30 分，山西实时现货市场实施了 2h 的熔断措施。当天上午，全省突发大风沙尘天气。11 时 30 分起，大同、朔州、忻州等地市陆续发布沙尘暴黄色预警，局部地区出现了 10 级狂风，速度达到 24～28m/s。根据日前预测，4 月 15 日将有 2000 万 kW 的新能源出力；15 日上午的 10 级狂风超过了风电机组的设计风速，导致风电大面积切出，又由于沙尘天气，光伏也无法顶上，新能源出力快速下降。相关材料显示，15 日 11～16 时，新能源实际出力远低于日前申报预测值，最大偏差达 500 万～1000 万 kW，超过现货市场预设的调节速率和调节范围。

根据市场规则，山西省电力调度中心在 12 时 30 分启动市场熔断机制，并向市场主体发布了公告。

11.3　市场干预

发生以下情况之一时，电力交易机构、电力调度机构报经湖南能源监管办、省发展改革委和省能源局批准后，可依法依规采取市场干预措施，并事后向市场成员公布原因：

（1）电力系统内发生重大事故危及电网安全的。

（2）发生恶意串通操纵市场的行为，并严重影响交易结果的。

（3）市场技术支持系统发生重大故障，导致交易无法正常进行的。

（4）因不可抗力因素导致电力市场化交易不能正常开展的。

（5）电力市场交易规则不适应电力市场交易需要，必须进行重大修改的。

（6）国家能源局、湖南能源监管办作出暂停市场交易决定的。

（7）市场发生其他严重异常情况的。

市场干预的主要手段包括：

（1）改变市场交易时间、暂缓市场交易。

（2）发布临时条款。

（3）调整交易组织方式。

（4）其他维护市场正常交易和竞争的手段。

市场干预期间，电力交易机构、电力调度机构应详细记录市场干预的原因、起止时间、对象、措施和结果等有关情况备查，并及时向湖南能源监管办、省发展改革委、省能源局提交报告。

【解读】为保证电力系统安全稳定运行，电力交易机构、电力调度机构可按相关规定或要求对市场进行必要的干预，同时可制定临时方案，对相关内容进行适当调整，以利于市场尽快恢复运行。电力交易机构、电力调度机构应及时向电力市场主体公布干预过程，并于事后向能源监管机构详细报告市场干预原因、过程及情况。

11.4 应急处置

当系统发生紧急事故时，电力调度机构应按照安全第一的原则处理，由此带来的成本由相关责任主体承担，责任主体不明的由市场主体共同分担。

当面临严重供不应求情况时，可依照相关规定和程序暂停市场交易，组织实施有序用电方案。

当出现重大自然灾害、突发事件时，可依照相关规定和程序暂停市场交易，临时实施发用电计划管理。

【解读】电力交易机构、电力调度机构应事前制定电力市场应急预案，用于电力市场干预、中止和暂停期间的电力系统运行和电费结算。市场应急预案应经湖南能源监管办、省发展改革委、省能源局批准。当面临重大自然灾害和突发事件，进入应急状态或紧急状态时，暂停市场交易，全部或部分免除市场主体的违约责任。干预或者中止电力市场时，电力市场交易的方式按照应急预案执行。中止电力市场期间，电力调度交易机构应当采取措施保证电力系统安全，记录干预或者中止过程，并向能源监管机构报告。能源监管机构应当向电力市场主体公布干预或中止过程。

11.5 市场恢复

市场秩序满足正常交易时，电力交易机构应及时向市场主体发布市场恢复信息。

【参考文献】

［1］陈向群. 电力交易工作问答［M］. 北京：中国电力出版社，2021.

［2］胡军峰，吴江. 西北区域多层次统一电力市场呼唤新型储能［N］. 中国能源报，2023-09-26（6）.

［3］田士君，吕琛，张晓萱. 市场机制是虚拟电厂发展之关键［N］. 中国能源报，2023-03-06（6）.

［4］林伯强. 中国电力工业发展：改革进程与配套改革［J］. 管理世界，2005（8）：65-79，171-172.